慈意妙大雲

深水觀音禪寺因緣錄

釋悟觀 主編

目錄

006 序言　建寺四十五載話初衷——深水觀音風光　◎釋悟觀

第一輯　華梵大學教職員工護法合輯

026 善化敬信　◎李天任
036 依於佛慧——開良長老尼之一生行誼　◎釋修慈
039 禪思雅逸　◎李復甸
041 一個清風吹過的地方　◎蔡傳暉
045 動靜間，但悟空境——記深水觀音禪寺建築吉光片羽二三事　◎蕭百興
062 大人用心‧妙法如華一地生　◎張鴻彬
067 清涼歇腳喫茶去　◎李蕭錕
072 一刻清涼：一件曉雲法師的書法　◎許悔之
076 小螞蟻開示貪嗔痴　◎冀劍制
081 清涼風鈴　◎簡江儒
083 傳法聖地　◎陳榮基

085 最暖心的緣 ◎張壯熙
087 慈悲願力——永懷深水觀音禪寺開山住持開良法師 ◎陳仁眷
095 感恩之旅 ◎葉雅正
097 禪寺心影 ◎黃智陽
100 最親近的寺廟 ◎林智玲
102 深深水中月 ◎釋智善
104 喜悅之地 ◎嚴建和
105 如人為善，另類法雨 ◎成群豪
112 寧靜莊嚴——深水觀音禪寺．悟觀法師 ◎黃明義
114 一抹色光蓮華藏 ◎高維新
116 忘憂．解憂 ◎金敏玲
118 古剎梵影——深水觀音禪寺活動剪影 ◎林素玟
124 隨喜讚頌——深水觀音禪寺創寺住持開良法師 ◎陳秀慧

125 掃盡胸中塵 ◎戴正玲
128 法喜恭敬力 ◎聶蕙雲
130 深耕在華梵 ◎仁安法師
133 我不是過客而是歸人 ◎劉有娟
136 尋根溯源之旅 ◎彭家賢
139 與深水觀音禪寺的因緣 ◎陳德旺
147 護持，法味，深緣，深思 ◎季昕
153 結一個好緣 ◎蔡月霞
155 善法因緣讓我們結了善根福德 ◎周美伶
157 我見我思 ◎李宗明
162 讓人安頓身心、親近倚靠的深水觀音禪寺 ◎陳怡伶
165 心靈殿堂——深水觀音禪寺及悟觀董事長 ◎謝千如

第二輯

樹德科技大學通識教育學院與其他校教師合輯

168 一次美好的記憶 ◎曾宗德
170 行誼如是，憶佛深恩 ◎張清竣
173 動靜調柔、福慧雙修在深水觀音禪寺 ◎顏妙容
196 一掃迷山霧海之後 ◎曾議漢
226 深水觀音禪寺的「歡迎光臨」 ◎劉幼嫻
274 禪思如珠玉 ◎楊淑雯
276 茶席之中好靜思 ◎馬琇芬

序言　建寺四十五載話初衷——深水觀音風光

方外女　釋悟觀

《慈意妙大雲：深水觀音禪寺因緣錄》一書呈現的是寺院道場在社會的功能，除了安住僧眾，講經說法、法會共修之外，深水觀音禪寺有一特殊的境教施設，有山居禪悅，但又非深山；於我而言，境界超然，俯仰之間，令人心如鏡，無怪乎山居的祖師們，遺留下不少文字般若禪的山居詩。

雖與當初想編輯的意象有所不同，但是深愛教育的我，終究只將邀稿的對象，放在教育工作者身上，華梵大學與樹德通識學院的老師們，以及心念上意想到的藝文界人士，還有禪寺年年辦理的「妙法如華生活營」，參加的這些大學生，是我喜愛的年輕學子，如今他們雖已步入職場，我依舊仍然關懷他們。為什麼我們禪寺年年在暑期，辦理功德友園遊會暨詩歌朗誦書畫比賽，當知先聖孔子最能調教學生，他說：「志於道，據於德，依於仁，游於藝。」這樣的「學習之道」，莊嚴活潑的藝文氣氛，方知修德仁慈，符合藝術發源於遊戲，又於遊戲活動中，有傳統的中心思想依據。

感謝有鹿文化許悔之社長的協助，華梵大學董事會陳助理負責彙集華梵大學教職員的文字稿，這些文字般若花，一篇篇讀來實是喜悅在心，《法華經》所謂「法雨潤人華」，就像一朵朵的智慧花，開放在他們的心田，展顏在大自然清新空氣裏，發散著芬芳給有緣人讀者，也希望人華散發著芬芳。我深深覺受到華梵教職員他們到深水觀音禪寺山上來，心，無法放下的似乎都放下，或許也能忘懷幾許教學的辛勞！我的心緒無論陰晴雨露，讀來但有一番意趣，真是就中猶好是山家，讓人憶起石屋清珙禪師的幾首山居詩：

滿山筍蕨滿山茶，一樹紅花間白花；大抵四時春最好，就中猶好是山家。

種了冬瓜便種茄，勞形苦骨做生涯；眾人若要廚堂好，須是園頭常在家。

半窗松影半窗月，一箇蒲團一箇僧；盤膝坐來中夜後，飛蛾撲滅佛前燈。

（X65，95a）

樹德部分感謝劉幼嫻老師耐心的收集，五位老師臉書文字稿，他們一學期總會來禪寺與我們閑坐喝茶，談天說地不離教育，我們認為青年學子不祇為尋求知識技術，而更應該開拓生活境界，身為教育者有義務讓學子認知，福與慧需雙修並進。

華梵與樹德在高等教育，可說是苦心孤詣的為學子開拓心地法門，在校園用心以人文藝術思想在拔草鋤泥，等待春耕夏種秋收，期待所培育的學子為國家社會淨化這五濁的環境。

母親師父當時對深水觀音禪寺之建設，不論大小境教施設，總有建設安身穩住之考量。我們思索尤以寺院建築對住眾、信眾、親近者，具有教化性之影響。與此書同時編輯的《弘願深如海：深水觀音禪寺開山祖師開良師父》，輯錄深水觀音禪寺拓土者母親師父開良法師，建寺因緣之感應見聞錄與開示等，以記述開山祖師建寺心路歷程之文，所以書名為《弘願深如海》。

卷頭語與序文，是我概略的闡述，母親師父建寺為教育護僧的理念之文，深水觀音禪寺是一間與有緣者共同成就，之莊嚴道場，其功能也是母親師父建寺初衷，願，但願！有緣人共同成就慧命，於深水觀音禪寺境教施設。誠如本書第一篇文字李天任校長如是寫著：「還記得初次造訪深水觀音禪寺，一切都是新鮮，只見到明亮寬敞的環境，靜謐肅穆的大殿，莊重古樸的翼樓，不同於一般寺院，沒有濃重的繚繞香煙與豔色的空間布局，恬淡中溢洋著一份自在安閑輕鬆。與董事長悟觀法師就在樓棟間通透的川堂廊道沏茶對談，面對面親切的笑語問候中，禁不住也想著一座如此莊嚴清淨寺廟合該有多少故事？依稀中總是覺聽到若豔隱若現的樂音，但未能細究，只記得氛圍親和，環境和諧怡人，感覺十分性定殊勝！」

《慈意妙大雲》一書文字，宜與《弘願深如海》所輯諸文共讀，文中所述拓土者開良師父建寺之心路歷程，更能體知出家所為何務的玄微深遠，之深深義。

身為方外女的我，安住在觀寂寮、洗心室，於護法韋馱菩薩聖誕日，一氣呵成寫就了卷頭語〈凝心默照・流光如雲〉，母親師父建寺之宗教情操教育理念與過程，亦可供靜讀此二書各輯文字之參考。藉此可觀見母親師父對出家眾期盼之心境，以及與華梵大學創辦人曉雲導師，之深深意的緣緣之緣，之次序。《弘願深如海》書中，選配母親師父建寺拓土期間之勘察建寺地貌、寺院道場空間規劃等等舊照片（雖不足），及深水觀音禪寺之現貌景照，兩相比觀，建寺拓土者母親師父開良法師於創建之時，與本寺監院性賢法師，他們身心之勞頓。以及善男子善女人們為深水觀音禪寺護持建寺者，之功德無量，江陳喜美、王安順、王廖淑完、謝有志等大功德主實是功不唐捐。

更值得一提者，母親師父一面自己建寺，一面栽培方外女我，於蓮華學佛園親近恩師曉雲導師，之後至日本留學深造，因為此緣緣之緣，母親師父發願自此護持恩師曉雲導師建校辦教育，歷歷示現佛法之不可思議，不可以言宣，於吾人之眼前。深水觀音人、緣緣之緣人，展讀《般若禪，如來使：心印曉雲導師、開良師父》，《弘願深如海》，《慈意妙大雲》三書，其能無感於深心，而思有所精進為宗教情操，佛教教

現任住持悟觀法師，於蓮華學佛園親近恩師曉雲導師（1970 年代）

育之中流砥柱乎！我雖未能於三書盡其心力而編寫，然而也總算出版了。

原因是如同我在卷頭語〈凝心默照・流光如雲〉前段中所言的感恩之情。因為緣緣之緣，適逢華梵大學創校三十周年，深水觀音禪寺建寺四十五週年慶，善法因緣而編輯了《弘願深如海》、《慈意妙大雲》，及書寫《般若禪，如來使：心印曉雲導師、開良師父》思懷兩位拓土長者，華梵大學創辦人曉雲導師的深奧智慧、般若禪心中心、深水觀音開山祖師開良師父的安忍不動、常不輕菩薩風骨緣深，作為己之一生秉持佛教根本精神之梗概撮要。於我來說，一位是佛法的啟蒙師；一位是身教的善導師，二位長者的年紀雖相差十八歲然其宗教情操，有著秉受如來使者的四弘誓願，之受職風骨，以慈修身善入佛慧；念念以大悲為首。

筆者從少時喜愛文學藝術，對十九歲學佛的我，有著相映生輝的感應，對深水觀音禪寺的山光雲影，樹木花色，因為親切感受深刻，之所以親切因環境是開良母親師父所建造的，尤以日夜凝心禪的熏修，更是歷境驗心「天下名山僧占多」、「好茶出在名山中」的文字。蕅益大師《靈峰宗論・卷十》的山居詩，在在呈現，靈峰藕益智旭大師山居的日日是好日，受用無窮：

我愛山中住，觀化俯且仰；一法不當情，萬緣同鏡像。

文學藝術是人世間精神糧食，是心境的調養劑，佛教藝術更是對人心身有潛移默化的影響。佛教寺院道場在社會的功能，於教育上是超越的，在《華嚴經》、《法華經》中描寫自然文學的文字歷歷在目。華梵大學創辦人曉雲導師在印度先地尼克坦（Santiniketan）時的詩句有謂：「天為錦帳樹為屏」，陶淵明「結廬在人境，而無車馬喧」，恩師嘗謂，「吾人寄居天地間，天為錦帳樹為屏。」

從「知一切法，皆是自心，而無所著。知一切法，即心自性，成就慧身，不由他悟。知三界唯心，三世唯心，而了知其心無量無邊。知心佛亦爾，如佛眾生然，應知佛與心，體性皆無盡。」《華嚴經》的視角來觀看：親近寺院者與寺院建築者皆在道場中，具同等重要的意味。因為寺院道場的教化途徑，菩薩是眾生與佛接心的橋梁，所以寺院道場是培育菩薩的所在處。

親近寺院者與寺院建築者皆在道場中，具同等重要的意味。因為寺院道場的教化途徑，菩薩是眾生與佛接心的橋梁，所以寺院道場是培育菩薩的所在處

寺院建築需要教菩薩法的教室，實踐菩薩行的空間。寺院的景觀建設，它是為人文藝術教育所施設的佛教環境教化。我常說醫生老師是佛人、人佛、人間菩薩。

深水觀音禪寺與佛菩薩接心的境教設施「圓通寶殿」的靜坐環境；圓通寶殿西側「藏經閣、選佛場」的人文藝術講座，大殿後精緻的園林思想構思「洗心池」畔的攝淨六根，靜思；初建時的臨時大殿、現今的「祖師堂」內，安住開山祖師法相，供信眾瞻仰，寺眾日日供養、挹注一種一日不作，一日不食，勵志勤奮的激發精神；祖堂前「一乘講堂」的國清書院人文月會；還有前殿正前方的「八正道亭」是謂牧心牛之場所，正見、正語、正業、正命、正念、正定、正思惟、正精進的聖道所在，是自牧身心的道場。

等等的境教設施，一一呈現在本書第一輯華梵教職員文章的字裏行間，在在點出，母親師父建寺的初衷，是結合了慈悲智慧的培育，話說了建寺四十五載的功能，之深深意，玄玄義。

母親師父圓寂後頓失依靠，驀然地在自己的心間翻了一頁「柔和善順，性修不二」法門。

覺得生活生命人生不應該是一張空白紙。人生的緣遇之機，開始就話說了，生養陪育我們的父母，生養之恩；步上人人不同的旅途，人人因緣生法，會巧遇培養我們慧命者，何以說是慧命呢！《大乘入楞伽經》第四卷「貪愛名為母，無明則是父；識了於境界，此則名為佛。隨眠阿羅漢，蘊聚和合僧；斷彼無餘間，是名無間業。」說了眾生在輪迴中的，十二因緣，無明，痴愛、渴愛是身生的源頭；所以生而為人，須受慈悲的教化、智慧的善導。「般若佛母，禪行般若母，教誡禪行母，般若主照，照五蘊空，悟無所得」。

由於母親師父建寺功德，老人家的圓寂宛若「在風的手中去了」，讓佛子深深領略了，色身是人間父母所生，我們的法身慧命是由般若禪智而生，《心經》開示我們說：一切諸佛菩薩，乃依般若而遠離顛倒夢想。如是的滴滴般若甘露見灌，才不會讓自己覺得負債一生，我們被歲月栽培了，所以有了法雨的沾灑，然而對於歲月的無情殘酷，應懷抱感恩之心。我們在歲月痕跡的生死，似乎都如同魯拜集所說「來如流水，逝如風」。

母親師父留下深水觀音禪寺教化有緣人的責任於我；恩師曉雲導師留下華梵教育的如來家業給我們，這些我都必須要身體力行，慈悲柔和忍辱善順，鍥而不捨，精進在人世間的行門中。終於我還是選擇了寺院教化與社會教育，在禪寺居住已四十五個歲月，華梵、深水觀音大自然環境的使然，在置身華梵大學董事長的職位前後八個寒暑了，歷經三位校長，也歷經高教整個嚴峻的教育歷程，都歷歷在目，想著恩師創辦人籌創華梵的艱辛；恩師老人家一生來台後，執教於文化大學，創辦蓮華學佛園，華梵佛學研究所，進而義賣自己的畫籌創華梵大學，總總的一切，不過是為了要好好培育訓練，一代代人的內明智慧，啟發一代代人的慈悲心為宗旨，這些都是恩師華梵大學創辦人曉雲導師的職志與心願。我在日本留學遇到艱困時，會告訴自己說，道承法華經者、菩提淨明鏡之菩薩精神；志繼曉雲恩師教育職願；更願作為母親師父建寺領眾的受職者。

世界光如水月，身心皎若琉璃；但見冰消澗底，不知春上花枝。
門外青山朵朵，窻前黃葉蕭蕭；獨坐了無言說，回看妄想全消。
（憨山老人《夢遊集》X73，801c）

人生如寄、榮枯盛衰無常，禮佛研經止觀研心為寬解。在身擔華梵大學已八年董事長職的表象之下，我洞徹了人生無常感的癥結所在，回至母親師父想為我修行處所，而建造的深水觀音山中，圓通寶殿、洗心室、觀寂寮，迎風且吟，是靜坐禪坐、止觀研心絕佳的空間，將己心柔伏的平平貼貼，想想人生，其實也是平平貼貼，一味平常，在圓通寶殿淡然寬闊得淋漓盡致。

教育的問題永無止境，何況庚子年的人生不停在大轉在大變，甚至變得亂狂無方向。僧家教育工作者，豈無戚戚之感，早年珍惜晨間清氣薰花而早起怡然自得，喜愛月兒默默子夜眠的幽逸日子，自從母親師父圓寂後，已然飄向遠方，何暇閒情過日子，真是披了袈裟事更多。

創辦人曉雲導師晚年安養於般若堂，悟觀法師一日陪同至般若禪堂的情景

開山祖師開良法師偕同現任住持悟觀法師到華梵大學華梵堂參學

此刻停筆回觀思惟，恩師曉雲導師與母親師父開良法師的勇敢精進，如是之菩薩的犧牲奉獻精神，就是只有這樣的悲心願力的趨使，才能俯首承當。生性酷似疏散任天真的我，身為法子、方外女，如今只有把握機緣奉獻，報恩償還二老的恩澤，也滿足二老的夙願，與己心的願望夢想。

其實還有什麼可說的呢？前面所言均是多話啊！世尊不是一直善導佛子「如是，如是」嗎？契解如是心吧！即可如是行；無法用勝敗來論英雄，如是我們才能契會，如是之行。阿羅頻多修道院神聖母親米娜氏，大意上曾說：不要說什麼讓您的行為替您說明一切。是啊！做個學佛者為自己活的人吧！佛法是人世間最高妙的甘露慈雲，因為慈悲最能感人；智慧善導於人向上一著，止於至善。春之繁華，不若秋之清爽。

心靜而本體現，水清而月影明；
聽靜夜之鐘聲，喚醒夢中之夢；

觀澄潭之月影，窺見身外之身。

（《菜根譚》）

生命人生過程一環環，如是如是，佛陀是真語者，是實語者！《金剛經》之「一體同觀真實法」，深深烙印在佛子心深底處；沉沉千古言，何人解此心。啊！人間天上如一夢宅，豁然開了夢眼，於三界火宅，不被夢境惑。我也希望踏進深水觀音的有緣人，在此不受塵囂干擾，在清靜幽美的禪寺，好好受用佛法教育藝文活動，用功自己的人生，解此心。能夠以作為護持深水觀音禪寺為福報光榮，喜無畏，是幸！

敬信信仰佛法的歸宿，是靈魂內最有洞察力的眼睛目光，它畢竟需藉著道場寺院熏修其心。

打掃庭前，迎白雪；白雪見風光，一點潭心，八正道。

第一輯

華梵大學教職員護法合輯

善化敬信

李天任（華梵大學校長）

還記得初次造訪深水觀音禪寺，一切都是新鮮，只見到明亮寬敞的環境，靜謐肅穆的大殿，莊重古樸的翼樓，不同於一般寺院，沒有濃重的繚繞香煙與豔色的空間布局，恬淡中溢洋著一份自在安閑輕鬆。與董事長悟觀法師就在樓棟間通透的川堂廊道沏茶對談，面對面親切的笑語問候中，禁不住也想著一座如此莊嚴清淨寺廟合該有多少故事？依稀中總是覺聽到若隱若現的樂音，但未能細究，只記得氛圍親和，環境和諧怡人，感覺十分性定殊勝！

再次拜訪禪寺，忍不住開始尋找妙音的聲源，原來是一座大型的風鈴，高掛在翼側門廊二樓，還聽聞了如何覓得，又如何經由南藝大范李彬老師的專業改變聲響音質的過程。從此風鈴聯結了我與深水觀音禪寺，每次到訪，都要專心聆聽片刻，感受董事長引《法華經》說的「寶鈴千萬億，風動出妙音」，就覺得不虛此行了。日後，即便是在他處聽到有沉穩悅耳的風鈴聲響起，就牽動著心思，想到了禪寺。

禪寺座落於高雄市燕巢區的深水，與高雄師範大學、高雄科技大學兩所南臺灣重要高等學府的燕巢校區同在深水路上毗鄰而立，三者間呈現一個正三角的地理關係，是一街之隔的文教特區對門鄰居。禪寺相對交通便利，卻因位於支路上，避開了幹道上的雜囂塵土，又有獨立門戶出入自如，活動也不受外界干擾，與紅塵相距不遠，卻避開了城市的喧譁，真是動靜皆宜之處所。

自左營高鐵站一路沿高速公路車行約二十分鐘至燕巢區，走深中路在天橋之前見到堂皇的觀音禪寺牌樓右轉，不多遠處樸實中見莊嚴的「深水觀音禪寺」即在眼前。巍峨聳立的寺廟建築透顯著莊重穩定的姿態，居中寬敞挑高的「大雄寶殿」供奉著三寶佛，造型厚重陳設素雅，氣勢非凡但不張揚。禪寺樓宇屋頂皆為金黃色琉璃瓦，佛殿兩旁各有三層樓高的翼樓相輔，正前方還有蓮池海會是供養諸菩薩的前殿，巧妙地依山就勢而建，前殿房舍地基較低因而隱沒在廣場水平之下，絲毫不會阻擋自大殿遠眺的視線，形成一個開闊完整而又典雅的園區。

可以說是開山祖師善用地勢，低地處開闢了一個接近馬蹄形，如寶藏穴的露天空間，中間設計了一座八正道亭，供奉西方三聖、濟公菩薩、福德正神，八正道亭如龍珠似的為周圍兩翼、董事長所設計構思的法華經變圖的環廊所抱擁，龍珠寶穴中四座池泉湧動潺潺流水。這座「八正道亭」可以說是蓮池海會的靈魂寶殿，攢尖平頂上有九朵蓮花，置中的蓮花內一尊高舉右手而反向面對大雄寶殿的悉達多太子菩薩降誕的故事圖，太子高度超出大雄寶殿前廣場的地面，食指向天堅定地踐行「天上天下惟我獨尊」的誓願；太子菩薩身後，從八正道亭再前伸一道橋面，聯繫著前方石雕山門，極為古樸典雅，寬大的橋面上，置放一尊微笑彌勒菩薩，如是迎人的氣氛，如同整間寺院親和笑容的氣氛，整體形成一指向西南方的軸線，無怪乎禪寺落霞的光影變化，讓人覺得宇宙之無窮，有著唐．王勃《滕王閣序》的「人傑地靈……煙光凝而暮山紫。……落霞與孤鶩齊飛，秋水共長天一色」的夕陽，迎接著有緣人的到來，參拜祈安植福。

前殿整體構有臥佛、昔日白樹「觀音堂」的準提菩薩、玉片組合成的四大天王、彌勒淨土等等諸佛菩薩，與羅漢尊者匯聚於「蓮池海會」的可能景勝，想想深水觀音禪寺的深水觀音，他真實的地處深水之境，那是最前方有一尊青斗石的滴水觀音、善財童子，承蒙觀音滴水教化救濟芸芸眾生，如是的隱喻，早在未建寺之前，已然定局，只是因緣成熟、託付開山開良祖師與董事長悟觀法師之巧思完成設計任務。

隨著造訪的次數漸增，每次總會有不同的體驗和新的發現，參與幾次文教活動後，更加體會拜訪禪寺能讓人感覺光明磊落，充滿正能量。因為寺內每一個空間都有充分的通風與光線，尤其兩年前的「憶念華梵大學創辦人曉雲導師禪寂十四週年古琴音樂茶會」，曾在下午時分，親身體驗夕陽穿透圓通寶殿窗櫺與門扇，在紫檀木地板上映照出金色靈動的光影，襯托著精心布置的大型中華花藝，讓人難忘且驚歎不已！

面對大殿的右方是寺務所、五觀堂和香積廚的所在，二樓前段是董事長悟觀法師專用的洗心室，三樓後方通往圓通寶殿處，安置立有一尊比人還高代表著「慈悲的黑觀音菩薩」，與現安座在華梵大學董事會的另一尊代表「智慧的黑觀音菩薩」，同為藝術家孫超老師的傑作，慈眉善目寶相莊嚴古樸。左翼則是寮房和普陀山國清教育基金會會址與教室活動空間所在。同時容納數百人聚集不成問題，就連大寮香積廚的灶臺也都巧思配合設計了梅花座，增加工作效益。走動在寺中，感覺得出寺內空間是分批逐漸形成，但整體規劃的功能性極強，可以因應活動的特性與需求，在不同的樓層與地點舉辦。

深水觀音禪寺不以聚匯熙來攘往的信眾人潮為重，因而沒有鼎沸的人聲與撲鼻的薰香，但是在南部溫暖氣候中，空靈莊嚴鬧中取靜之外，又多了一份清貴的自在親切感。自開山住持開良法師禪寂之後，由悟觀法師繼任第二代住持，是信眾的信仰中心，更是許多人精神寄託之所在，不僅是鄰近的高師大、高科大、義守大與樹德科大許多老師，都以與悟觀法師結為師友為榮，常來親近；還有全臺各地藝文人士都歡喜來此結緣交流，視禪寺為南部的清涼歇腳處，也參與禪寺舉辦的藝文活動，廣受好評。

深水觀音禪寺大寮的梅花灶灶台具巧思設計了梅花座，增加工作效益

最讓人感到讚歎的是董事長悟觀法師的博學與慧瑩覺性，每天在臉書上的發表，看似信手拈來的詩文都飽含佛理哲學，輔以渾然天成的禪風攝影，將原本無奇的生活修行周遭，一念柔順地幻化為深富哲理的世界！深水觀音禪寺的環境點滴，在悟觀董事長的影像與詩文詮釋下，每每善導出一個幽渺靈動自在怡然的境界，董事長說「影物是心跡」撫癒人心，深得臉友們的熱情支持與積極互動。董事長法師也自成一格成為透過臉書以般若慈悲的情懷，弘法利生的高僧。不僅吸引了來自全球各地的朋友前來探訪請益，更構成了深水觀音禪寺的一大特色，而部分臉書圖文也已集結成《般若與美》與《法華經者的話》二書出版。今年續之將出版《般若禪，如來使：心印曉雲導師開良師父》、《弘願深如海：深水觀音禪寺開山祖師開良師父》、《慈意妙大雲：深水觀音禪寺因緣錄》三書。

舉凡一座寺廟的興建原委與籌備建成歷程，似乎都有一些傳奇，也總能讓人好奇，栽培悟觀董事長赴日本深造十一年後接掌住持工作的開良法師，誠然是深水觀音禪寺的關鍵人物。第一次聽到悟觀董事長提到「老師父」時，其實並不知所指，之後才體會原來指的就是她已經禪寂的慈母——開良法師，也是深水觀音禪寺開山建寺的住持。依稀得知開良法師並沒有入過學堂，但是自力開山，從覓址、設計、找材料、施工建寺到平常處理寺務種種大小事宜，不畏艱難繁雜，都是獨力完成。運籌帷幄之間游刃有餘外，諸多規劃事宜皆眼光獨到，寺院園區處處顯現出開拓者的智慧與慈悲的勇氣精神。自空照圖看來，整座寺院園區占地甚廣，山勢拱繞著大殿與翼樓，廣場與前殿一氣呵成，主建築外圍車道與停車空間配置均以後山為靠，靜嶺通幽之勢，整體建設與庭園間的花木院落與雕像規劃配置有序，顯有素人藝術家融會禪佛的布置風味。

如此一個氣宇非凡、精神富足的所在，平日的維運並不簡單，遑論悟觀法師還兼掌華梵大學董事長一職，在此高教艱困之際，要秉承曉雲導師志業，繼往開來，同時兼顧普陀山國清教育基金會業務，慈善濟世，提供獎學金，舉辦文教活動，負責寺院維運，還能勤於修行精進，度化利益眾人。殊不知寺內人手精簡，在悟觀法師董事長住持下，宏學法師、宏音法師、淑美和羽茜的分工與合作無間，和樂一堂。近來悟觀法師董事長的姪孫李宥陞弟弟的「駐寺」出現，天真無邪的童語笑顏，隨著幼小生機的茁壯成長，有若善法根性的春風撫過大地，使花木得蒙潤，為禪寺上下及訪客增添了不少忘憂的歡笑與樂趣。

不知親近深水觀音禪寺的朋友們是否同意？若「洗心室」是悟觀法師淨心之所在，而川堂則是眾人來「靜心」、「交心」之處！唯有俱足了種種因緣，友好們才會在此相會，這裏也是眾人心靈的驛站，往往不久就來駐停一會，品茗談天，在法師的機鋒話語中，體悟人生，修養自身，感受時時飄盪在禪寺中的風鈴聲，悠悠乎傳來覺性悟明的提醒！不論四時的變化如何，能在迴廊與川堂過道間歇息，安坐在沉邁厚實的桌邊，品一盞熱茶，清風徐來，校務討論，論道世事，笑語家常，福種心田，生命飛揚，是多麼令人欽羨的情境！

身處在深水觀音禪寺內，透過了悟觀董事長的著作、言行舉止和作為來懷想開山建寺的開良法師，只覺得萬物一切仍在流動中，深水觀音禪寺猶如一座攝受護持佛法，可以讓人心曠神怡的修心平臺。恬淡無私地接納四方的來客，安撫眾人所有顛簸的心思；人們陶冶在法師的開示、茶香、微風與風鈴妙音聲中，徜徉在智慧、寧靜與自然之中，像是沉浸翻過陳年的書卷一般，顯現原意更提醒了莫忘人本初衷，遷善去惡。旅人在幽微的佛理領悟中，體會心靈穿越甚或停駐在這個有溫度的靜淨所在，使人心朗達光采，如是我聞……信受奉行，作禮而去！

依於佛慧——開良長老尼之一生行誼

釋修慈（華梵大學董事）

開良長老尼一向慈悲為懷，心胸開闊，廣結善緣，雖然不識字，但對於佛教教務，社會公益，急難救助，關懷貧困，不遺餘力。憶當年，開良長老尼在未出家前，即十分認同曉雲法師「覺之教育」理念，菩薩悲智精神，帶其女兒（悟觀法師，時年十九歲）於一九七三年，報考華梵大學創辦人曉雲法師早年開辦的「蓮華學佛園」，並從此開啟護持華梵大學之路，凡華梵開山建校龐大之經費，無不鼎力護持，例如：大量義買曉雲法師禪畫，並積極在高雄辦理募款活動，對於華梵大學興辦出力甚多。

曉雲法師於一九九〇年創辦華梵工學院（今華梵大學之前身），為中國佛教史上第一所由佛教人士創辦之綜合大學，學校以「覺之教育」為推廣宗旨，期能以佛教慈悲精神與悲智思想，培養出品學兼優之青年，以利益造福人群社會。

「覺之教育」以人為本，重視心性攝授與淨化，潛能開發和智慧增長，是重視理性、自我反省的人本教育，可以擴大思維空間，讓人更成熟、更理智、更肯定自己，而達成自我實現的目標。

開良長老尼除一本初衷，繼續全力護持華梵大學外，同時關心兒童教育，於一九九三年自行開辦兒童佛學夏令營，讓兒童蒙受佛法薰習，陶冶慈悲陶懷及善良心靈；並輔導吸毒者戒除毒癮，實施宗教心靈教誨。曾任高雄縣佛教會監事乙職，對會務全力奉獻及投入，獲得理監事同仁所讚佩。示寂前，仍持遺愛人間之宏願，囑咐常住簡化各項支出，將預定餘數捐助財團法人淨覺社會慈善基金會、華梵大學、佛光山佛陀紀念館、南屏別院等相關社會教育公益團體。

綜觀開良長老尼之一生行誼，暗合《法華經》、《楞嚴經》中，觀世音菩薩之自述：在因地修習、耳根圓通到了相當功行時，「盡聞不住，覺所覺空。空覺極圓，空所空滅，生滅既滅，寂滅現前。」佛陀則讚美觀世音菩薩「慈眼視眾生，福聚海無量」；

在《金剛經》、《阿彌陀經》中記載：「如來是真語者、實語者、如語者、不誑語者、不異語者。」十方諸佛，同聲讚歎釋迦牟尼佛於五濁惡世中，能為甚難希有之事。在《維摩詰經》中，眾香佛國以香飯作諸佛事，而其他佛土中，「諸佛威儀進止，諸所施為，無非佛事。」維摩大士說：「隨其心淨，則佛土淨。」至於眾生為何見此土汙穢？這正如螺髻梵王所說：「心有高下，不依佛慧，故見此土為不淨耳。舍利弗！菩薩於一切眾生悉皆平等，深心清淨，依佛智慧，則能見此佛土清淨。」

開良長老尼蒙菩薩授記，如此精進用功，畢生秉持「不為自己求安樂，但願眾生能離苦」的菩薩悲心宏願，貫徹弘法衛教精神，致力於佛教文化、教育、慈善等公益事業之推展，護念眾生的仁風典範長存，令人稱讚備至。

禪思雅逸

李復甸（華梵大學董事）

深水觀音禪寺是一座極為特殊的道場，從開良長老開山，到現今住持悟觀法師，經營禪寺，從山門到法堂，處處透著禪思雅逸。每到寺中總是感到渾身鬆快，庭院小徑的草木蟲鳥，圓通寶殿的清風日照，無一不在演說佛法。雖然秉性愚拙，悟性不夠，在這份雅致中卻也領略到禪門清涼。深水觀音禪寺的境教，該是對治妄想無明的妙法門。謹摘錄詩作數首，紀念開良老尼師。

〈觀深水觀音禪寺鐵骨素心蘭〉

鐵骨頭陀寺內藏，
磬魚聲裏倍幽涼。

超離火宅無牽罣，
抱素清心出妙香。

〈深水觀音禪寺送來青蓮一盆〉

青蓮並紫蘭，
朝夕且痴看。
不是凡間物，
一唱得三嘆。

飛來蘭若數青蓮，
細說曹溪一味禪。
莫道玄微深幾許，
同時花果現風前。

一個清風吹過的地方

蔡傳暉（華梵大學教務長）

沐浴在清風裏

深水觀音禪寺雖然離臺北很遠，每一趟往返，都是一天的旅程。南下禪寺，已不知幾回？每回南下，總會有個名目是非去不可的，不外乎是與學校有關的人和事，有惱人的校務，也有輕鬆寫意的藝文雅集。不過，每次回到臺北，卻也不記得在禪寺做了什麼事、扛回多少任務？唯一眷戀難忘的是那輕撫吾身的半日清風。

即便是豔陽高照的夏日，禪寺總有徐徐清風，陣陣吹來。拂面而來清風，就像在耳邊縈繞的喃喃細語，不斷地想要與你傾訴。沐浴在清風裏，靜下心來，或許可以聽見自己內在的聲音，與自己對話。

啜飲在清風裏

有時候董事長悟觀法師約我們到禪寺聊聊，我們總以為法師關心校務會討論很多事，千叮嚀、萬交代。然而真實的場景卻從來都不是這樣，法師總是先泡一壺好茶，從喝茶聊天開始，也在喝茶聊天中結束。品茗中討論過什麼事、談過什麼人，沒有人做筆記，也不會有結論，彷彿一切的人和事都只是過眼雲煙，不復記憶。然而感知如是的過程，禪寺似乎是人世間瞬間放下的釋肩亭，自然地又提起校務擔子，又清楚一分覺照之心。

董事長悟觀法師總會準備最香美的茶、最可口的糕點，雖然想談嚴肅正經的事，卻總是用最自然悠閒的方式進行。留在心中最美好的印記，只有那茶香與清風。

坐臥在禪寺樹蔭下，陣陣清風吹拂而過，是人生最大的舒坦與享受。人世間的功課、難解的課題，都在茶香中，唇齒間，杳然而去。

游藝於清風

比諸各地富麗堂皇雄踞山嶺的大寺廟，深水觀音禪寺算是中等規模的寺廟。雖有莊嚴寶殿，但不會令人畏懼卑屈，是一個可以放心親近、慵懶打盹，可以自在徜徉的清修之所。住持悟觀法師喜好文學藝術，禪寺自然散發出優雅的文藝氣息。除了傳統的佛典儀軌、日常念佛禪坐，文學的涵養、佛教藝術的薰陶，是禪寺最大的特色。法師帶領我們從文學親近佛、從藝術親近佛，原來生活中、坐臥間，皆是佛。

相忘於清風

清風下，人世間，沒有一定法。法師給我的感覺是「法無定法」，這裏沒有解決問題的方法，也沒有人生智慧的鑰匙，來到禪寺，法師也不會有答案給你。就像清風抓不住、也摸不著，雖然我們感知智慧的真實存在，刻意追索，終將離道益遠。

人世間的一切，如夢幻泡影，煩惱、苦厄、歡樂、名利，幻化成一陣風，抓不住也摸不著，想擺脫那自覺真實的虛幻，或許就到禪寺來吧。

清風拂過，相忘在清風裏！

動靜間，但悟空境——
記深水觀音禪寺建築吉光片羽二三事

蕭百興（華梵大學智慧生活設計系空間設計組、建築學系教授）

如果沒有特別留意，很難想像在離高屏溪漠野河床不遠的深水小山丘上，還背向坐落了這樣一座幽靜的禪寺！設若從屏東方向跨過里嶺大橋順著蜿蜒的深中路（屬旗楠公路，省道二十二號）開車前行，大約十多分鐘便會看到深水國小位於右側路旁，左拐穿越寺院巍峨的牌樓開上山路，不旋踵便會看到「深水觀音禪寺」坐東北朝西南、樓臺由左至右天際層降橫陳在眼簾。

禪寺建築群頗為雄偉，最前方是一座灰色古樸而帶著精緻石雕的四柱三川式中國牌坊山門，帶著卍字的圓形法輪高懸其上；位於最後的高大雙層寶殿（下層為大雄寶殿，上層為圓通寶殿）則座倚在蓊鬱的山丘前，寶殿後面山坡下是一處花木扶疏、小橋流水的庭園，裏有明月池一座，左右兩側則前伸了兩手三層樓高的內外護龍（安置了寺務處、客堂、開山祖師紀念堂、國際會議廳、研究室、藏經樓、圖書室、教室、廚房、齋堂與寮房等），各自分成雙排兩坡水的屋頂，山花碎化了寬大量體所可能帶來的壓迫感；大雄寶殿前方則是一處停好車後可直接走上的偌大院埕廣場，廣場底下還潛置了一座位於地下的殿宇，利用地勢面臨了一處接近馬蹄形、有如寶穴般處於地下的露天空間，並前伸了一座「八正道亭」八角形雙層寶殿，如龍寶之珠般為周圍兩翼綴滿佛經故事、法華經變圖彩畫的環廊所抱擁，寶穴中可見四座池泉潺潺流動，整體構成了臥佛、西方三聖等諸佛菩薩與羅漢尊者匯聚於「蓮池海會」的可能景勝，也令人不禁聯想起寺院地處深水之境、承蒙觀音滴水以濟眾生的隱喻；「八正道亭」八角形寶殿可說是蓮池海會中的靈魂，攢尖平頂上不僅布排了九朵蓮花，中心一朵之上更豎立了一尊高舉右手而反向面對大雄寶殿的童子（悉達多太子），高度超出寶殿前院埕的地面，食指向天，好似要堅定般踐行某種誓言：「天上天下，唯我獨尊。」童子身後則從八角形寶殿再前伸一橋面，聯繫著前方古樸的石雕山門構成了入口小埕，寬大的小埕上有一笑臉迎人的彌勒菩薩，整體形成一指向西方的軸線，既輝麗著極樂彩炫的夕陽，也迎接著虔誠信眾的到來。

天上天下，唯我獨尊。釋迦牟尼佛出生時，放大智慧光明，象徵為眾生指引光明之路。帝釋親自以手將他承置蓮花上，然後他不假扶持，足蹈七花行七步，遍觀四方後，一手指天，一手指地，說：「天上天下，唯我獨尊。」意味著在生死流轉中，此生是他最後一次受生於世間。《修行本起經》也記載：「夫人攀樹枝，太子便從右脅生墮地。行七步，舉手而言：天上天下，唯我為尊。三界皆苦，吾當安之。」說明唯佛陀能救度天上天下眾生離苦得樂，故為天、人所尊所怙，眾生皆可依循佛陀教法，而得大安樂。

深水觀音禪寺的這尊太子菩薩像，不難使人聯想開山住持開良法師道心堅固、一心向佛悟道的意象；指向《涅槃經》所說的「常樂我淨」之我，也是人人本有且最尊貴的，意義上與佛性相似。事相上而言，佛陀以一大事因緣降誕於世，是為使眾生轉迷為悟，為眾生開示悟入成佛之道。意味著禪寺是為此而建設的，從董事長悟觀法師的行誼上可以窺見其一二的修行風範。

禪寺雖然雄偉，卻顯樸實，大雄寶殿前方廊廳中三排高大而繫連著淡彩畫梁的紅色列柱、覆滿樓宇重檐歇山諸頂的黃色琉璃屋瓦，雖帶醒目亮麗之色彩，卻沒有讓這整體外表由白色所主導的偌大建築體群產生奪豔之感，反而，經常在西陽透過遠處山嵐於申酉之際的渲漫輝照，順著屋簷翹角的餘暉，折射出了一絲曲面為剪影金燦暈濛的景象！說得也是，整座禪寺格外引人注目的便是那位於大雄寶殿前、接連著露天院埕的寬廣高大前廊，高寬如廳的尺度接延了廣埕，形如整體寺院之重心，不僅信眾可以從中間部位直抵建築群的核心，宇宙也似乎從遙遠的蒼穹彼岸被迎擁而至，直接而滿溢地匯入了禪寺的心臟地帶，在寶殿內諸方佛菩薩拈花微笑般的慈眉靜觀下，充盈成一片接連了天地、見證了時移勢往的真如空間。

說到底，緣起緣落，日陽斜照處，但顯空境！或許正是因為有著這樣一座疏朗而有如風箱的半戶外廊廳，風總是徐徐地通透了寺院的整體空間，有如彌勒大度般廣納了萬千的氣韻，笑泯了塵俗的過往，讓院寺裏 每一個角落，在光照馨香的氤氳中，隨著廣場四周盆水花草為漣漪掀起的許許輕顫，瀰漫著一種長時而舒緩的寧靜，深滲人心！的確，這是一座很靜的禪寺，空廣的廊廡裏、簷殿間，幾許僧尼，一些信眾，一些文教人士，或操法儀，或事勞作，或品茶水，或敘心言，樸影佇立，緩步行移。時光，在不斷的空間停格下，伴隨著花葉起落，總是顯得格外地凝結與輕盈！

萬般皆是法緣，會與禪寺在大千世界裏觸目際遇，實得感激在華梵長年執教所種下的因果，禪寺的住持正是華梵大學創辦人曉雲導師的天台傳人、華梵的現任董事長悟觀法師，幾度跟隨同仁們的入山禮拜，一次又一次增累了對於禪寺的體認，也厚積了與道法的福緣，深感悟觀法師的平易近人親切慈柔。

說來神妙，這禪寺冥冥間似乎就是為了與人世結緣傳法而設，有如華開蓮現般，是一段令人不可置信的傳奇！當年，董事長悟觀師父的母親、禪寺開山的開良法師夢中得託觀音法意，一路苦行後竟在上天護佑下尋跡到此、手結法印而獲得寶地，開良師父於是結茅苦修，感動、糾集了四方信眾而終於建成了莊嚴的道場。

而後，悟觀師父承繼了開良法師的衣鉢，接起了母親淑世的大愛，更致力透過人文藝術實踐弘揚華梵大學創辦人曉雲導師人間佛教，期待藉由「覺之教育」以淨化人世之大願！董事長多年留學日本的文學造詣與佛法修為，讓悟觀師父得以透過敏銳的心靈領略了兩位師承燭照的智慧。於是，在一花一輕嘆，一葉一呼息的起落間，除了持課修行、操辦法會外，更寫下了體道證佛的款款詩文，按下了攝影觀悟的剎那快門，讓禪寺中的草芥毫末、微渺器物，率皆成了有情世界上參天機的映像畫圖；同時，也舉辦了各式與青少年、大學生等功德之友攸關的季節生活營隊等文化薪傳活動，讓佛菩薩對於人間的拳拳關愛，透過學習與勞作的切身體驗，潤物細無聲地，沉澱心扉。

禪寺，有如深水般淵淵洞沉，於焉在自然的見證下成了美藝的匯聚醞釀之地，成了藉由時空間以涵化美學，調柔身心，進而清涼人間的神妙道器！

相當令人印象深刻的是幾場有幸跟隨華梵同仁參與的會聚。屈指一算，除了以大雄寶殿為主的諸般操課與法會外，禪寺亦曾糾集了各方力量舉辦了為華梵宣傳祈福、紀念創辦人、以及歲末感恩等的文教藝術茶道活動。

種種的儀式、日復一日的早晚課，基本上是在高敞的大雄寶殿中舉行的。寶殿夠高，以圖案揭示了法輪常轉、三法印、四聖諦、八正道、十二因緣等佛教教義的飾彩天花下，內外牆壁嵌置了講述佛陀一生故事的古銅浮雕；進門後，除了中央留設空間以利參香行走外，左右經常排列著信眾賴以誦念經文的長案，前方牆壁中間則位列了高大而頂著舟形背光的三尊金佛（三世佛／三寶佛：南無本師釋迦牟尼佛、南無藥師琉璃光如來、南無阿彌陀佛），佛面慈祥，打上手印，跏趺盤坐在紅柱撐起而為花罩區隔的神龕蓮座之上，左右伴著韋馱與伽藍兩尊護法菩薩，連帶著佛前橫長供桌上小而姿態靈動的大慈大悲觀世音菩薩，總在花果獻供中，默默地俯察觀照了各種功課的莊嚴進行。

值得一提的是，寶殿前高廣的廊廳連結了前方的院埕與周邊的殿廊聚集了脫鞋後踏階而至的人群，可說扮演了至關靈魂的角色。記憶中，董事長悟觀師父經常會佇立在廊廳接壤院埕的階臺上，迎送華梵師生的到來與離去，拍下大批人馬有緣至此相聚的珍貴合影；亦曾偕同朱建民、高柏園與李天任幾位校長等站立其上，或瀏覽園遊會、學童寫生舞獅等活動的舉行，或致贈紅包感謝國中小師生等地方人士藉由祥獅獻瑞這類表演對華梵校運的祝福！寬敞而為日陽麗照的院埕上這時總是熱鬧滾滾，各種動態的民藝搬演，或武術，或扯鈴……，經常鑼鼓喧天，喝聲不斷，讓平時清淨的禪寺滾起一波又一波與地方結緣而產生的蒸騰生氣。在此同時，廊廳之中則會上演相對靜態的藝文活動，不管是學童們的詩歌吟誦、或是李蕭錕、黃智陽等大師們的書法獻藝等，再再令高大的柱廊縈迴了一絲絲繞梁的餘韻，久久不絕，引人入勝！當然了，每到午時，寬廣的廊廳中更總會鋪起紅、紫等彩桌，擺起令人讚歎的筵席，讓一道道細緻而樸質的美味素餚，在文娛曲藝助興下，以漱齒流芳的品相，款待嘉賓，恩感眾人。

如果說，大雄寶殿前半戶外廊廳的聚會是與廣大地方朋友及一般信眾的有情結緣，那麼，諸如「曉覺禪樂雲山古琴」這等紀念華梵創辦人的音樂會、以及「禪茶山中飲」這般高雅茶席活動，在二層「圓通寶殿」與右手廂房（虎邊護龍）的舉行，則可

深水觀音禪寺住持暨華梵大學董事長悟觀法師主持妙法華生活營園遊會由高雄市杉林區月眉國小表演祥獅獻瑞舞龍舞獅（2017）

「禪茶山中飲」，眾茶雅士屏氣凝神諦聽，幽玄古琴，清音渺渺

說是與文人高士進一步交誼的雅集，不同的空間，代表了對於活動意義的不同界定、以及大美意境的特殊期待，如是這般的精心準備者，自是悠然自在的董事長悟觀法師的慧心一人所策劃。這圓通寶殿作為一處內修的道場，雖位於大雄寶殿之上，參與的嘉賓卻無梯直達，而須繞經龍邊護龍後側內藏的樓梯，低身上到三樓懺悔堂中對甚為靈驗的黑觀音菩薩（知名藝術家孫超所雕製）進行禮敬後，方才繞行外廊來到寶殿寬敞的前廳——一處位於大雄寶殿之前半戶外廊廳上方，最外側雖可見橫長白色欄杆小陽臺，陽臺內卻為格柵窗櫺所護圍而泛著檀木地板亮光的空間，感受到即將參與盛會的莊嚴。董事長總能設計出與空間相輝映的氣氛景象；這前廳空間中，除了正門前中央可能秀立的大瓶花藝外，亦可能放置了長長的大桌，桌上擺滿了香花燈三具足供養，一列列細置了蠟燭、沉香與鮮花的小巧盤碟待人拿取，讓人感受到祈福式儀進行時，行將燃起的氤氳與光潔。

跨入門檻，圓通寶殿內滿是深棕色的木料香氣迎面而來，雖說周遭一圈的柱子是紅的，格柵窗櫺邊的牆壁是淡白的，但梨花木、黑檀木般的質地卻覆滿了整室地板，還高升為神龕前的四根柱子，連著垂花長罩隔出了大慈悲觀音菩薩、大行普賢菩薩與大智文殊菩薩，於蓮座上跏趺盤坐的神聖空間，從而讓深暗而泛著微光的色流，成為殿內的主調，為整體的寶殿置入了一款深致而熹微的靈魂靈光普萬方；四周牆壁上部則彩繪著大悲出相連環畫圖，伴隨著其上楣梁與天花的四時花草彩飾，令人聯想起大慈大悲觀音菩薩的悲智功德，興起了攝念的無限肅穆之心；泛金幽微的寶龕中，菩薩就在其中，幾根列柱上雀替的位置驚奇地挑出了一尊尊持手吹笛或器樂演奏的飛天，讓人想起了泉州開元寺中繫連敦煌的某種因緣，也在在透露了董事長悟觀法師所追求的寺院道場在社會所扮演的角色功能，此殿希冀藉由佛教藝術與美學的精湛修為而帶領禪寺乃至整體人間以至圓通境界的深刻期待。

仰碧空明明，朗月懸太清；瞰下界擾擾，塵欲迷中道；
惟願靈光普萬方，蕩滌垢滓揚芬芳，虛渺無極，聖潔神秘，靈光常仰望！
（弘一大師〈月〉）

深水觀音禪寺二樓圓通寶殿乘著窗玻間漫炫而入的光影如神光霖賜几淨明亮——一道神光自古今

深水觀音禪寺二樓莊嚴肅靜的圓通寶殿（上）。深水觀音禪寺圓通寶殿八正道屋頂斗栱上雕有「飛天樂伎」，集佛教妙音鳥、基督教天使和中國飛天造型於一身，雕刻精美仿大陸泉州開元寺（下）

這可不，寶殿內除了禪師凝神在西陽斜光中的日常靜坐外，亦曾在紀念音樂會時聚集了高聲表演絲竹高藝的古琴大師鄭正華老師等，呼應了飛天藝舞散花的高亢情懷；更曾在舉行茶席時擺置了古琴沉穩的樂聲，配合了司儀的端莊詩誦董事長的《般若與美》，帶出了悟觀師父帶領信眾頂禮祈福後，為行將在偏殿舉行的茶席所揭示的序幕。

說到底，這是相當別緻而被灌蘊了屬靈特性的茶席，接引了來自圓通寶殿神光霖賜的恩典，悟觀師父敲擊木魚一步一步吟唱佛號，虔誠地帶領了賓客走向偏殿，乘著窗玻間漫炫而入的光，入席而坐，並在許悔之等高士詩興吟誦下，於缽罄叩擊鳴響慢走、古琴撥弦悠揚迴響的氛圍中，由茶師一勺一匙地添加茶葉，而在燙壺、置茶、溫杯、高沖、低泡、分茶、敬茶、聞香、品茗的過程中展開了以茶會友的無上饗宴！從而，讓茶水澄明的湯汁，佐和著茶食微甜的口韻，在花葉細枝、書籤字畫為水氣熱火蒸騰的疏映中，迴響出一晌午後幾至沉沉入定的曠古凝思！

花葉起落，時間恆長而幾近凝滯的脈動中，心靜人也靜！這是一座不斷由動而返靜的「極靜之深水．觀音．禪寺」！有如日陽終須輪位於夜晚，春夏的滋繁也終須藏收於秋冬的疏瑟，禪寺中，所有塵世的脈動，終須在空境盡顯的剎那永恆中，回歸至日常的幽靜而等待著下一輪的萌動與甦展，令人想起了那年中秋之夜，禪寺略顯空曠而掩映著多少花葉疏影的院埕上所曾擺置的偌大供桌，燃燃的香燭，隨著逐漸上飄的煙氣，帶人仰望了廣垠的夜空，禮敬了遙遠而近在眼前的月光菩薩，讓那廣渺的蒼穹藉著佛法之名，恩詔了夕陽後月滿星稀所帶來的奇妙平靜，也彰顯了深水・觀音・禪寺為滿空夜色所沉沉襯托而靜候著翌日溫煦晨光的建築大美！萬法神妙，盡在虛實交映之間！

這是一座藉由造化空境散發出美的願力與樸質心靈的禪寺，董事長悟觀法師總在最平常的事物中，在最不意的規律中，神形自然般地彰顯出人與自然交禪的最珍貴身影，讓人念想起悟觀師父在臘八時節，親自於大灶邊升火熬煮粥品以分饗眾人的普施姿顏；也令人思憶起風櫓下，悟觀師父經常與賓客圍坐長桌細品茶水以話談機鋒的栩栩風範！花葉起落，看似平常，卻總在動靜間，師父與環境盡顯空境！浸潤於造化中回歸樸質的日常搬演，在在讓禪寺，幻化成猶如清塵般的歲月。其間，枝花靜躺，茶盞宛然，偶爾幾許懷想，泛起桌面掠影的浮光，映染湯水，點滴的美感與人生的

沉味，泉湧在心頭！而此，在在透露了，在開良法師與悟觀師父持續接棒帶領各方信眾的虔誠護持與細緻經營下，這藏在「深水」的「觀音」涵蘊了空境奧義的「禪寺」所曾在不知不覺中被賦予的玄機任務；深水的觀音其禪味甚深微妙。其總是順應時間挪出了空間，透過修行大人與佛法與萬物的隨緣神交，有如弘法的道器般，參贊造化、追求圓通，從而在西陽日復一日極度絢爛的輝麗映照下，彰顯出以大美之藝渡化利益凡俗、淨化人間的絕妙姿影！

大人用心‧妙法如華一地生

張鴻彬（華梵大學外國語文學系副教授）

華梵大學董事長、深水觀音禪寺住持釋悟觀法師，是曉雲導師的天台宗法子，親近曉雲導師四十餘年，直至二〇〇四年曉雲法師圓寂，成立普陀山國清教育基金會，積極推動深水觀音禪寺開山祖師開良法師及曉雲法師畢生致力的佛教教育與慈善文化事業，數十年如一日卓有貢獻，本人內心的感動無以言表。僅引用僧璨大師所說的這段話，來表達敬佩與感恩之意：「凡操心所為之事，常要面前路徑開闊，使一切人行得，始是大人用心，若也險隘不通，不獨使他人不能行，兼自家亦無措足之地矣。」效法曉雲法師與開良法師的大人用心，悟觀法師從繼承師長願力到邁向傳承法脈，永續佛教教育的軌跡。

以下紀錄有關我有幸與法師及禪寺的交流點滴，緬懷往日曉雲導師膝下，同時也感念開良法師德澤。自從三十多年前，第一次幫忙翻譯一封寫給美國學者的信時，我才慢慢加入華梵大學籌備的工作，認識比我大了剛好半個世紀的曉雲導師，她亦是我深深感動過的《泉聲》的作者游雲山。之後的十年間，每週固定兩次與她見面，一起喝喝奶茶、聽她說話、看她處理繁雜的校務，其實我只需十五分鐘可以跟她報告完她的交辦事項。那時候我約略知道深水觀音禪寺的住持開良法師對導師辦學有極大的貢獻。華梵創校後，導師每次要寫論文、查資料、或籌辦國際學術會議、清涼藝展的前後，總會念念不忘的弟子「李淑華」，也是來自於深水觀音禪寺。她在日本進修博士學位，數年後學成歸國，任教於華梵大學東方人文思想研究所與蓮華學佛園。一直要到二十年後，我才知道原來這個弟子「淑華」即是悟觀法師，蓮園學生口中嚴以治學、寬以待人的觀師父。

最近的十年間，因為攝影的愛好與行政主管工作，漸漸與悟觀法師認識。每次觀師父都會選一個有空、沒人來跟她談校務的時候，要我一起喝茶。言談之間，總是圍繞在與導師學習與生活的點滴。雖然是兩個人的聚會，總覺得導師又回來跟我們一起說話談心。感恩師父分享往日情懷，也印證了導師的威嚴與慈悲。嚴師出高徒，從悟觀法師的承擔、藝術上、教育上與修持上的成就，在在都證明了導師的嚴格與啟發是有效的。而導師待我，總是慈悲寬容居多！前後拜訪過禪寺多次，每次在禪寺醒來的清晨，心靈都倍感靈明，是因為前一晚與師父的對談會帶引我見聞導師行誼吧！言談之間，師父也常提及對開良法師的孺慕之情，這乃是孝心的表現。她也常提及，既無愧於承擔導師的教育事業，也該為禪寺傳承而多盡心力。

當然，禪寺裏有非常多的藝品、古琴、書畫、石刻……，在不經意處密藏著或令人驚豔或啟人心靈的寶貝，這就不用細說了！以下僅從一些小處寫出我對深水觀音禪寺的印象與對悟觀法師妙法如華的欽慕：

洗心室：那是平常不開放的空間，有天宏音師帶我進去安裝法師要用的電腦，所以有幸參觀。內有悟觀法師一排排的佛像、佛典、珍藏、樂器、日本留學帶回的老家具以及老茶等等。設定好電腦後，師父進來洗心室小心翼翼地拿出一些她寫的足以開書法展的毛筆字與筆記秀給我欣賞。然後我們又開始一面喝茶一面懷念曉雲導師了！這裏也是導師過去數次來深水觀音禪寺，靜思、閱讀與寫作的地方。看著她偏愛的那個角落，看著光影與清風徐徐的窗櫺映照，想像導師打坐、寫字、畫畫的樣子，時間好像就這樣凝固了！洗心室是帶有古意的空間，有個舊時圖書館才能見到的資料卡片櫃，最能表現出法師做學問的精神與風骨。櫃子已經有點斑駁，每個小抽屜分門別類，整理出法師數十年來的佛學累積與融通。洗心室，洗心而有依定，成佛入佛知見。

口頭禪與守時：董事長法師常說，她是從古時候來的人，所以她回應人喜歡說的是：「福吉祥」、「無量壽光」等等。深水觀音禪寺計時的方式也還是傳統的子丑寅卯：「夜半子，小鬼丑，雞報寅，天光卯，日出辰，頂晡巳，日中午，過晝未，日落申，點燈酉，關門戌，人定亥。」這些都是要用閩南語才能記住的，也顯示出法師的平易近人。從守時與對傳統的珍惜，我們也可以感受到法師的敬慎與嚴以律己的精神。

自然天成的攝影師，「不需要技術或技巧，看到美景，快門一按即成。」

在藝術上，不論繪畫、書法、音樂，由藝入道，因為心靈的鍛鍊，所以才能從容自若，放其心而行。我翻譯了一小段石黑一雄《長日將盡》小說裏的話，來說明這個感覺。原來這是在比較英國婉約的景致與美國、非洲等大山大的風景間的差異的：「有種美關乎寧靜無華，故能從容自若。猶如一片宏偉美麗的土地，自知者明，無需譁眾。」對師父而言，也許禪寺就已經很寬廣了！唯有內心中的風景，足以令人「悠閒內視」。

過去的歲月，我們在言談中緬懷著、印證著導師的行誼與啟發，在不同的時空，前後與偉大心靈互動的印證。每次到禪寺參見法師，同時也依稀聽聞導師爽朗的笑聲、感受到導師的妙諦。對於開良法師，我也因為常常聽悟觀法師提到，自然感到親近，再見到禪寺的格局與環境，在在都顯示出開良法師的擘劃與悟觀法師的傳承。而這本紀念文集，就是孝心思親的最好表現了！以法師的修持、學養、文采與對佛教、藝術、教育、人文的關懷與成就，相信老人家們也會滿意的拈花微笑的。

清涼歇腳喫茶去

李蕭錕（華梵大學佛教藝術學系客座教授）

深水觀音禪寺，位處高雄市郊燕巢區深水里。

一入山門，彷若與世隔絕，自山門到寺院兩旁，花木扶疏，曲徑通幽，仰望初日穿透高林，清晨的古寺，顯得額外淨雅，慢步走入寺院，聽鳥啼溪流，松風徐徐，任其去來，可以洗耳；入大殿前布設，觀其幽石竹木，盆栽藻荇，行列交錯，紅荷映水，可以洗目；而隨地靜坐觀空，滌慮調息，可以洗心。

第一次受邀訪寺，是住持暨華梵大學董事長悟觀法師，吩咐我教授教育部非正規教育課程學分認證「禪與書畫藝術」，課堂上有白板可以書寫並以口授，口授畢竟，則揮毫即席示範，或披臨古帖白宣，或抄錄古人詩詞數首，或抄寫節錄佛經，與學子們解說並分享，不亦快哉，而學子們亦樂在其中，可謂師生同歡同喜，誠人生一大美事。

最難忘的事是，師父總會在課後與我們和幾位師生一起品茶，記得第一次到深水觀音禪寺，師父便取出她的壓箱寶，存藏三十多年的新竹北埔東方美人老茶，與大家分享，所謂品茶之「品」者，是一口一口的啜，一品茶清，二品茶香，三品茶韻，三品而後，才能知茶中之真味，而非一飲而盡，索然不知其妙。

東方美人茶的命名，相傳是在百年前，臺灣茶商將此茶呈獻英國維多利亞女王，由於沖泡後，其茶湯豔紅美麗，品飲後，其滋味更猶如西方香檳之芳香甜蜜；其外觀豔麗，猶如絕色美人漫步旋舞在水晶杯中，女王讚不絕口而賜名「東方美人」。

其實，「東方美人茶」是臺灣特有茶品，除了「東方美人茶」之名外，它還叫「白毫烏龍茶」或「椪風茶」，另外還有「蜒仔茶」、「涎仔茶」、「煙仔茶」等依臺語發音的名字。

東方美人茶一定要有小綠葉蟬咬過，愈是好喝的東方美人茶要經過蟲咬才能散發出天然甜香。東方美人茶不同於包種、烏龍茶之「一心二葉」，通常在發芽七天內即開始採收，茶葉只有一心或一心一葉，量少值高，所以特別甜香，這種甜香有人說像熟果香、亦有人認為像蜂蜜香，非常甘醇順口。為了增加蟲咬的機會，東方美人茶絕不灑農藥，還要有適宜的環境及節氣。

師父所藏之東方美人茶，甘甜之味較年輕東方美人茶品更勝一籌，又因放置三十餘年，當年濃郁的芬芳，已轉化為一種平和溫雅，讓人品飲起來特別沉厚香醇；而其白毫，因時間的流轉，已賦予它金黃的羽衣，沖泡之後，它捨身放空，完全釋放出絕世的清逸甘美，及沉斂中帶有令人永生難忘懷的迷人氣息，至今餘味猶存！

對於茶香，有一則公案，似乎可以道盡其間的奧祕。

僧：茶香何來？

師：

受之於天地日月精華，所以香。

採收揀茶，以柔心對柔心，所以香。
高溫沖泡，得知其堅忍心、無畏心，所以香。
沖泡注水，猶如師父之灌頂加持，調伏其心，喚醒其本來面目，所以香。
為水沖開，雲煙裊繞，杯水間自然而出音樂雲*，所以香。
主客相待以誠，誠則心香，所以香。

看著悟觀董事長師父泡茶，真是品茶之外，還有另一種六根通淨的一種法味享受；眼看著師父巧手執壺，「茶煙裊繞，如音樂雲」；耳聽倒茶入杯的妙音；鼻聞東方美人特有的陣陣茶香；舌嚐小葉蟬吸吮留下的甘美；手撫晴淨白瓷的細膩可愛，在手指間把玩，早已身處塵外。

記不得那位古人說起，喝茶要有品味，當於瓦屋紙窗之下，以清泉茗茶，用素雅的陶壺瓷杯等茶具，與三兩好友共飲，可得半日之閒，更可消十年塵夢。師父喝茶之茶亭，兩旁雖無紙窗門櫺，卻是靠著大殿西廂川堂，前有庭園植花，更遠處遠山層層，夕照餘暉下，更如詩如畫，美景現前；後邊一小山，夏日炎炎，此地卻涼風習習，迎面吹來，更覺如雪峰〈山居詩〉所云「好向清涼地歇腳」中的清涼地。

不知何時，再能回到深水觀音禪寺的茶亭「清涼地」，再次品嘗並欣賞師父沖泡的東方美人茶藝？

*注：「音樂雲」出自釋悟觀法師著《法華經者的話》，下冊〈心跡〉頁一〇六。

一刻清涼：一件曉雲法師的書法

許悔之（詩人、有鹿文化社長）

二〇一八年，答應一份報紙寫一年的專欄。本來專欄的名稱，可能叫做「半畝月色」或是「一刻清涼」，我私底下問了幾位好朋友的看法，他們各有喜愛也各有質疑。以前很少寫作的時候會問別人，正因寫作是人間最孤寂的喜悅之一，如同夜晚大海的航行者望著星空，或者一位燈塔管理員聽著濤聲洶湧。詩心如同佛心，只能自有自證，所以創作也是一種私心自用——想要「看到自己」。

想到欄名或可叫「一刻清涼」的原因，與華梵大學董事長、深水觀音禪寺住持悟觀法師有關，法師在日本大正大學文學院博士班畢業，專長於般若禪和天台止觀。法師是一位比丘尼，除了深心入於佛典，亦雅好詩詞藝術，也擅攝影。

因為喜歡法師的文字、攝影和知見，所以我說服了她，編出她的第一本書《般若與美》，也因此和她有了一些見面說話的因緣。

人間的因緣不可思議，悟觀法師是一代藝術家僧人——曉雲法師的法子，親炙曉雲法師數十年。

從年輕時認識蔣勳老師，便常常聽他私下在各種場合提到曉雲法師。青年蔣老師念藝術研究所，指導教授正是曉雲法師。我永遠記得蔣老師說，有一天上課，曉雲法師走進課堂便用她的廣東國語說：「天氣這麼好，還上什麼課？我們出去聽泉水聲！」

蔣老師學位論文通過之後，曉雲法師籌備了素席，宴請來參與評審的教授，蔣老師多次告訴我和一些朋友：「每一道都是以花入菜，美麗得不得了！」

可能因為這些因緣吧，我遂覺得與悟觀法師有緣，就多了幾次見面的機會，大多是我去高雄「深水觀音禪寺」或位於新北市的華梵大學拜見她，喫幾杯茶。

曉雲法師與佛深緣，卻直到中年證得能所雙忘，方才出家。圓寂前，她一生致力於藝術、教育和佛事，非佛不作，化不離宗。有很長的期間，她每一年都舉辦「清涼藝展」，冀望這也是一條滅除世間憂煩熱惱的路徑——以藝為佛事，佛事亦如藝。

有一次，得以拜覽幾件曉雲法師的書畫原作，不勝讚歎！曉雲法師不逐細節，筆力但探心要，她的筆墨揮灑自在而如初唐詩人之壯闊，一派大丈夫氣，橫遍十方，豎窮三際。

悟觀法師知道我愛寫字，也由「敦煌藝術中心」辦了一個手墨展；或許因為如此吧，法師要我從曉雲法師兩件墨竹、書法之中擇一，贈送我一件。我遲疑了一下，退了片刻，走出禪寺外，點了一根菸。

回到座位，法師說她替我決定了，就送我曉雲法師的「清涼」二字。

在很短的時間裏，就是佛經所說的「剎那」、「彈指」之間，我覺知因緣如風吹拂我，我的心不再相對而有，忽而覺得荒涼，又覺得欣悅，像楞嚴經上說的「悲欣交集」……。

這只是一幅字，但又不只是一幅字而已，是許多人生生世世熱惱中的希冀：一刻清涼，菩提現前。

我將曉雲法師的手墨放在有鹿文化辦公室，希望出入有鹿的朋友們都可以看到這幅字：「清涼」。其中沒有密意，因為心佛眾生，三無分別；但或許其中也有密意，因為我藉著一幅字，傳遞了兩位出家人的深深意。

小螞蟻開示貪嗔痴

冀劍制（華梵大學佛教學院院長）

突來的一陣強風捲起落葉，在偌大的寺院裏四處漂泊。大雨驟降，滿山風雨圍繞著大殿裏的木魚梵音，喚醒桌上燃燒的晨香，如蛇般，煙霧裊裊升起。寺中一位年輕比丘尼正閉關禪修。幾年來，師父們相繼離世，只能獨自參悟那如霧中花般的佛法——般若花。

佛法，是教導人徹底遠離煩惱痛苦的一門實修學問。但其中很多觀念無法單純透過文字理解，必須透過真實修行，在實踐中體悟。而所謂修行，也不光是靜坐，還要返回內心深處，尋找煩惱的根源，看清它們，不再受其干擾。

依據佛典記載，人們煩惱與痛苦的源頭就是所謂的三毒——貪、嗔、癡。但什麼是貪嗔癡？又該何處面對？

首先，我們可以自問，內心是否受到貪嗔癡的控制？以我個人來說，我的感覺是，「還好啦！雖然有一些，但不太嚴重！」

貪，指的是貪心。我一直覺得我是個不太貪心的人，至少不會為了貪圖什麼而違背公平正義。嗔，是生氣的意思。雖然有時遇到某些事情會很生氣，甚至難以控制，但這種時候很少，而且一直在進步中，所以整體來說問題不大。癡，指的是思考障礙而生的無明，由於客觀思考是我的專長，這個部分對我就更沒影響了。所以一直以來，我認為貪嗔癡已不再是我的大麻煩。從這角度來說，我似乎已經遠離了人生煩惱源頭。

這個想法雖然讓自己感覺不錯，但總有些心虛、不太有把握。因為，我又沒做什麼了不起的修行，為何有這麼高的成果呢？難道是我天生的根性太好了？我猜想，應該有許多平時較清心寡欲的人都跟我有類似的想法與疑惑吧。

直到有一天，深水觀音禪寺住持，也是華梵大學董事長悟觀法師在學校學期末帶領教職員薰修，導讀法師著作《法華經者的話》，一併也分享了一段法師過去在法華方便關時對貪嗔癡的體悟，聽完後不禁對自己的想法啞然失笑。原來，我自以為影響不大的，並不是貪嗔癡的主力軍，頂多只能算是外圍的巡邏兵罷了。

那一天，在深水觀音禪寺裏，悟觀法師獨自靜坐於洗心室，在雜念止息中，心靈升華至宇宙深處，「三界所有唯是一心」、「圓明一點本虛空」的體悟境界。在那隱藏著深沉意涵的氣氛裏，法師微笑禪覺經行，緩步輕安走在佛法鋪陳的禪意道上。

正當內心感受到佛法修行進展的喜悅，一隻螞蟻無聲地出現在佛桌上，緩慢移動，干擾了法師的心靈世界。不知多少因緣聚合才能在宇宙中的某一處，匯集這一刻的機緣，而一扇智慧之門即將在此機緣下開啟。

一向愛乾淨的法師不由自主的一揮衣袖，想拂去小螞蟻。或許，這個念頭讓法師內心頓時之間偏離了佛道而產生一絲違和感。而這一絲違和感，卻如雨水般灌溉了智慧的種子，在內心開花結果。這一瞬間，法師看見了己心貪嗔癡的原貌。

洗心室之內已經夠乾淨了，卻容不下一隻小螞蟻，是貪。對牠帶來的一丁點不完美感到一絲絲的生氣，是嗔。對於絕對乾淨的堅持，是癡。

原來，在人們最初的一點起心動念裏，就已經落入了貪嗔癡。這些念頭，絕大多數埋藏於內心深處而難以發現。發現時，都已帶來煩惱與痛苦。如果我們期待徹底改變，遠離貪嗔癡，就必須回到那最初的念頭，看見貪嗔癡的原始型態，才能開始斷除這些干擾力。法師說明了一念心是未念欲念念念已的凝攝。

這個分享，帶給我很大的震撼，原來我一直淹沒在貪嗔癡的苦海裏而缺乏自覺，「覺之教育」的重要可想而知。貪，不只是貪圖名利，而是一種一直想要獲得更多的念頭。對我來說，最明顯的情況是在研究與寫作期間，由於時間有限，總是希望每天都能多寫一點，這個貪念容易導致過勞，帶來身體上的不適。而當我必須參與會議時，常常覺得會議很無聊，浪費時間，無法好好利用時間做其他更有意義的事情，因而感到生氣，這是嗔。而我對於會議就必須有意義的堅持，則是癡。於是，我看見了這個一直對我造成困擾的問題源頭。看見，就是改變的契機。

我嘗試改變觀念，開會時利用時間跟同事們閒聊，就算會議本身沒什麼意義，至少也有舒緩身心的功效。而在會議中，如果認真思考，參與討論，其實也可能有所貢獻，不盡然是無意義的。研究與寫作方面，就放下心，不貪多，反而可以寫得更好。如果我們可以從貪嗔癡的角度重新省察生活，便邁向離苦得樂的道路。

我猜想，對法師來說，這也是在師父們相繼離去後，以萬物為師的一個重要體悟，而這個體悟，也對弘法相當有助益。

那麼，讓人好奇的一個哲學問題是，這個智慧開啟的契機，是如何達成的呢？是隨機，還是人為？或許，是誰召喚了這隻小螞蟻，是佛、是菩薩、還是禪寺開山法師離去前的囑咐？或許，在未來適當的時機，還有更多佛法智慧將被開啟，就只等待著有緣人，在深水觀音禪寺裏。

清涼風鈴

簡江儒（華梵大學主任秘書）

第一次到深水觀音禪寺，是陪高柏園校長一起南下面見悟觀師父談校務。初見禪寺的雄偉建築與寧靜氛圍，果然如心念之樂土，喜樂之心油然而生。

十一月的高雄依然悶熱，與師父的晤談雖是繁瑣嚴肅的校務，但是師父的透徹智慧與如珠妙語，時而發人深省，時而引人發噱，時間在愉悅的氣氛中不知覺地流逝。

師父泡茶與我們共享，茶具堪稱一絕，泡出來的茶更是香醇回甘，別有一番風趣。令人驚奇的是，晤談的長廊不時清風拂面，如沐春風，完全沒有南部悶熱的刻板印象。而我特別注意到一聲聲悅耳的風鈴聲，隨著長廊清風的吹拂不時地自在叮咚。晤談後獨自駐足大殿前好一陣子，望著飄蕩的風鈴，聽著清脆的鈴聲，如夢境般的詩情畫意，時間彷彿靜止了！

回臺北的高鐵上，風鈴聲依然餘音繞梁，我忍不住趕緊在臉書上記下了幾句話：睿智的言語，神奇的茶具，清涼的和風，悅耳的風鈴，為這一天的驚喜劃下句點。宋代釋如淨法師有首詩，詩名為〈風鈴〉：「通身是口掛虛空，不管東西南北風。一等與渠談般若，滴丁東了滴丁東。」這首詩的詞義簡單，容易明瞭，生動地描述了風鈴在風中的活靈活現，就好像跟您談笑風生的自在如意。看著這首詩，總讓我想起那一天在禪院的情景，所謂偷得浮生半日閒，大概就是這般的意境吧！

傳法聖地

陳榮基（華梵大學董事）

本人有幸加入華梵大學團隊，追隨董事會同仁一起為華梵效力。並於二〇一三年七月六日及二〇一九年一月十二日兩度受悟觀董事長的邀請，與同仁一同參訪深水觀音禪寺，為禪寺的宏偉建築，在幽靜環境中，又能提供大批人員在此禮佛禪修，留下深刻印象。感恩開山大師開良法師的長年擘劃，完成此一傳法聖地！謹提供二〇一九年參訪留下的兩張照片，祝賀董事長新書出版。

禮佛

最暖心的緣

張壯熙（華梵大學書院教育長）

曾經，有位高雄朋友跟我說：「你們董事長那個禪寺『戶蹬』很高耶，想進去禮佛，被告知沒開放給大眾隨便進去……」我當下趕緊回答：「唉呀，抱歉。你一定是沒報上『華梵大學』之友的名號，或者你到的時間剛好不巧啦。我們董事長那裏確實常住眾不多，禪寺範圍卻還蠻廣闊，所以禮佛日課加上出坡大寮等工作，三不五時又要上臺北處理學校的事情，其實人力是有點緊。除了辦活動、辦法會或者熟人引薦、預約之外，一般是不接待生客的，也是怕怠慢了客人。」

是啊，燕巢「深水觀音禪寺」本來就是一個清靜修行的道場，並非世俗印象中追求香火鼎盛、香客如潮的那種「一般寺廟」。而這幾年因著在華梵大學的工作緣分愈來愈深，與董事長悟觀法師擔任住持的深水觀音禪寺也愈來愈深緣。從小到大、到如今的中壯年，未曾刻意親近過哪個道場，所以跟深水觀音禪寺的感情、感覺，也真的是清清如水、淡淡幽幽地自然累積養成。今（二〇二〇）年新春在禪寺的華嚴法會，要不是因為COVID-19疫情爆發，必須在學校裏堅守防疫崗位，早就打算利用不上班的日子南下，哪怕只是參加一天的諷誦，都會感覺像是回到自己家的溫暖並且通體舒暢！

這幾年下來，深水觀音禪寺很自然地變成了我在高雄的「家」。儘管多半是為了學校的事而去，心情上卻是從去「面聖報告」，不知不覺地轉變成為「回家」的感覺。雖然我未曾見過創建禪寺的開良法師，但真誠發自內心感謝她老人家，為我們建立了這樣一座親切、自然、實在又莊嚴的道場，也為華梵大學建立了這樣一個難得的「後勤基地」。每次看到從高雄載運上來的粽子、饅頭、糕餅、芭樂等等，就不油然會想到禪寺大寮裏的那燒柴梅花灶，以及懺悔堂莊嚴和藹的黑面觀世音菩薩。

有高雄燕巢的深水觀音禪寺屹立存在，位處比較濕冷的大崙山上華梵師生員工，心頭都將永遠是暖和的。

慈悲願力——永懷深水觀音禪寺開山住持開良法師

陳仁眘（華梵大學文物館館長）

影響我人生的貴人

民國六十八年我於高雄教書，在回家途中的高雄公車上見到一位慈悲的出家眾開良法師（一九三一—二〇〇七），宿昔有緣趨前請益，並滿心歡喜地將身上僅有的款項悉數供養，法師鼓勵我再精進學佛，並很熱心地告訴我，臺北有曉雲法師，創辦蓮華學佛園培育人才，將來再赴日本深造佛學，這是人生的一條大道。於是有機緣再造訪橋頭白樹村「觀音堂」，也拜見了老師父（開良法師的尊親），法師耐心地指導我問訊禮佛，也讓我更了解法師的慈悲願力。

開良法師與我的法緣

天乙法師的弟子心謙師非常景仰曉雲導師，一心想赴蓮園跟隨導學佛修行，親炙教誨，於是請開良法師帶領我們拜見導師。不久因緣成熟，導師帶領蓮園師生第三屆畢業旅行夜宿元亨寺，當天下午開良法師非常熱心的帶領我們三位青年佛弟子到元亨寺等候，頃刻導師等一行師生浩浩蕩蕩到來，當時佛弟子李淑華（董事長悟觀法師）也在內，承蒙導師慈悲接見，因緣不可思議，開良法師要我頂禮導師，又是宿昔有緣，第一次見面，曉雲導師即為我授方便皈依，法名仁眷。

後來導師師父來函指示暑假嘉義義德寺舉辦齋戒會，於是聆聽導師講授《教觀綱宗》，是我一生的轉捩點，第一次恭聽曉雲法師講述有關天台止觀之妙法，並多方旁引，以佛教文藝融匯於禪法。

民國六十九年，導師創辦「華梵佛學研究所」，為第一所經教育部核准的宗教學術機構，校址在臺北市永明寺及石碇光明山。開講「禪源」等課程，弘揚天台教義。

受曉雲師父鼓勵，當時雖任教於高雄，仍連續半年於每星期六夜車從高雄北上到陽明山聽講，星期日晚夜車回高雄，準備隔天任教。終於半年後，辦理離職，從此對佛學深種根基，也更與這位從事教育，超過半世紀的藝術家、教育家曉雲法師結下不解之緣。一面研究，一面任秘書工作協助曉雲師父。

護持佛教教育，建寺安僧，培育僧才

開良法師護持佛教教育，不餘遺力，例如：為蓮華學佛園提供教學所需，購置鋼琴、乾隆大藏經等等；一方面準備興建深水觀音禪寺，建寺安僧，這期間艱苦備嘗。民國七十四年，賢嗣弟子悟觀法師赴日本大正大學人文學院深造，十一年期間，開良法師一人當數百人，為佛教盡心盡力，規劃執行建寺，辛勞備至，非常人所能及。受一切苦不以為勞，於諸功德不取不捨。

民國七十六年開始，開良法師即積極募款協助曉雲法師創立華梵工學院。

最值得一提的是，當年華梵建校修慈園長舉辦水陸大法會等，都得力於深水觀音禪寺住持開良法師與監院性賢法師、悟觀法師等指導與護持，功德至偉。

悟觀法師於民國八十五年學成歸國，高雄、臺北兩地辛勞奔波，任教於華梵大學中文系、哲學系、東方人文思想研究所，協助編輯《流光集叢書》、《佛禪之源》等等著作數十冊，實屬難能可貴。值得一提的是，她在民國六十三年於蓮園就學時，就與達宗達碧法師一起編輯導師著作。民國八十九年曉雲師父身體違和，董事長悟觀法師不辭南北路途遙遠，隨侍左右，細心用心日夜照料，師生情誼，令人感動。

導師嘗云：悟觀法師博士研修般若、天台，用功懇切，擬為傳法人。民國八十三年十一月二十七日，於香港清水灣湛山寺，寶燈法師代倓虛大師傳法於曉雲導師，成為天台宗第四十五代祖師，為第一位承傳臨濟天台法脈的尼眾接法人。再傳法於修慈、悟觀法師。

民國八十八年深水觀音禪寺開良法師及悟觀法師，於高雄勞工中心舉辦園遊會為龍潭校地華梵持續建校募款，創辦人曉雲導師、馬遜校長帶領華梵師生等參加。

民國八十二年十二月起悟觀法師榮任華梵大學第二任董事、華梵文教基金會董事。民國一〇一年十二月眾望所歸榮任華梵大學第五任董事長迄今，為傳承佛教教育而獻力，任重道遠，來日方長。

開良老法師示寂

三月二十一日上午八時，顏維謀校長帶領華梵師生到深水觀音禪寺參加開良法師圓寂追思讚頌會，共千餘人參加，場面盛大、莊嚴隆重。

開良長老尼，傳臨濟宗大崗山法派第五十七世永隆和尚門下傳燈法脈，對於佛教教務、社會公益、急難救助、關懷貧困，亦不遺餘力。師示寂之前日，仍持遺愛人間之宏願，囑咐常住簡化各項支出，將預定餘數捐助財團法人淨覺社會慈善基金會、華梵大學、佛光山佛陀紀念館、南屏別院等相關社會教育公益團體。追思法會中緇素四眾弟子虔誦觀音聖號陪伴開良長老尼最後一程，表達無盡的追思。

曉雲導師於湛山寺倓虛法師所建道場，傳法給修慈園長及現任董事長悟觀法師

開山祖師開良法師、監院性賢法師與現任住持悟觀法師、信眾於慈蓮苑般若禪堂參學華梵大學創辦人曉雲導師，導師解說吉祥臥（四威儀）

仁風義行，福蔭群生

創業維艱，守成不易。所幸後繼有人，賢嗣弟子悟觀法師親近曉雲法師三十一年，直至民國九十三年十月十五日曉雲法師圓寂，董事長悟觀法師成立普陀山國清教育基金會，積極推動深水觀音禪寺開山住持開良法師及曉雲法師畢生致力的佛教教育與慈善文化事業。

仁風義行，福蔭群生，不勝枚舉。每當行散校園，步山古道，飲水思源、水源地等，回想起前塵點滴往事，使我憶起前塵往事與緣分。衷心感念之餘，敬撰拙文，敬表追思與謝忱。

感恩之旅

葉雅正（華梵大學總務長）

與開朗豁達、深愛師生的悟觀董事長結下的善因緣，要從「華梵大學創辦人越野賽」說起。

華梵大學師生為緬懷創辦人胼手胝足、篳路藍縷之辦學精神，並發揚覺之教育，每年在五月分皆舉辦越野賽，悟觀董事長必親臨寒暄問暖、勉勵師生自我挑戰，不僅全程參與活動，更年年贊助活動經費及致贈獎勵金，其親力親為與關懷之意，深獲全校師生愛戴。為此，當時兼任體育室主任的我在耳濡目染下，深受感動，特於暑假期間與同仁南下高雄深水觀音禪寺，展開「感恩之旅」，感謝悟觀董事長的指導與對師生的關懷。

踏入禪寺，映入眼簾是中國牌坊式建築的山門，精雕細琢，莊嚴華麗，笑臉迎人的彌勒菩薩，更讓我心情豁達自在！禪寺建築為三合院，氣勢磅薄莊嚴雄偉，殿內供奉三寶佛，慈悲莊嚴，諸佛菩薩與羅漢尊者神態萬千，令人法喜滿盈。

悟觀董事長和藹可親的接待相迎，猶如家人般溫馨自在，當她親手泡上一壺壺茗茶，親切招呼大家品嘗茶點時，此刻的我著實既驚訝又備感溫馨，內心吶喊著：怎麼可能？貴為董事長，居然可以親切的像家裏長輩般親近，還處處關懷著大家。

離開禪寺，目睹悟觀董事長親赴中庭躬身祝送，此的我頓時感動萬分！這趟「感恩之旅」珍貴的經歷及感觸，著實獲益良多，我不禁要說：董事長，華梵有您，真好。

禪寺心影

黃智陽（華梵大學人文藝術學院院長）

因緣於兩年多來擔任華梵大學藝術學院的行政工作，而多次前往燕巢「深水觀音禪寺」拜謁。住持為華梵大學董事長悟觀法師，以往在學校薰修時，對於悟觀法師的印象是一位慈愛嚴謹的修行師父，特別在解釋禪坐要領時，親切細膩，具有十分濃厚的研究精神與體證經驗，眉宇之間也經常流露出堅定的性格與頓悟的禪悅。

華梵大學的行政團隊除了經常開會，理性討論校務之外，也多次參加深水觀音禪寺的弘法文教聯誼活動，以提升感性的情操，在這般南方遊思的因緣中，才漸次發覺悟觀法師與一般住持法師的不同。在其帶領的弘法利生文教活動中，經常加入了茶道、花道、香道等元素，而讓法會聯誼活動，增添了濃濃的藝術氣息。由於個人專長於書畫門類之故，隨緣參加了即席揮毫的陣容，這也使法會聯誼活動，盡顯五藝兼通，道藝合一、天人相成的境界，過程中特別察覺悟觀法師在茶食、茶具、茶人的講究上是超凡出眾的，在在突顯了其將日本精緻文化融入修行生活的用心與慈敏。如果活動中又能穿插古琴、頌缽的音韻，更令眾人神融意暢，如居人間極樂之境。

法會饗宴中，最令人歎服神往的還是悟觀法師的佛經唱頌，其聲音深沉、宏亮、柔秀、剛強，兼而有之，聞之者皆頓時凝神靜氣、塵俗盡消，其殊勝處，但求心覓，妙不可言。

由於法會活動的莊嚴、雅集聯誼的悠閒，才能讓人益發欣賞到禪寺空間的獨特美感，似乎禪寺外的一花一草都能靜聆佛音、自在伸展。禪寺內，特別是在精緻古雅的圓通寶殿中，隱然散發著木構雕刻的神聖與三大士、飛天的精美，時間在此凝固、無盡藏處，古今同構，當下即是！而當大家心神領會，滿載而歸時，亦常見夕陽餘暉透窗而來，在木地板上留下聖殿般的窗花投影，奇幻而真實。深水觀音禪寺的美，在習染塵俗的人看來僅是樓閣亭臺，遊賞安心之所；然而對於洗心沐佛的人觀來，則又似琉璃滿室，處處禪機，不可思議。難怪乎眾人經常驚豔於董事長悟觀禪師如何能輕易拍攝出禪寺一草一木的自在，一花一塵的世界，攝影機的光影，其實是幻化的法音，也是師父自己投射的心影。

深水觀音禪寺的空間又怎是眼見所能遍及？一切唯心造，心寬室自寬、天人合一時，盡顯無量無界之美。

最親近的寺廟

林智玲（華梵大學前智慧生活科技學院院長）

深水觀音禪寺是第一間我最親近的寺廟和接觸佛理最多的地方。第一次聽到深水觀音禪寺，覺得好優美的名字，也很好奇是位於高雄的什麼地方，因此第一次跟高校長大夥拜訪時，一路上我是專心的看著沿路的一草一木。最喜歡跟大家坐在禪寺的四角桌椅條，品味董事長悟觀法師為我們準備的茶點，享受從山上飄下來的徐徐微風，誠如法師在《般若與美》中寫到：「給予的安全感，也慰藉聽取了多少人間事。」

每次到禪寺都有些來去匆匆，沒能好好地體會它的美與靜，直到二〇一八年十月參加第一屆禪文化生活營，才品嘗到它的一風一息、一花一草、晨昏的寧靜之美！

深水觀音禪寺不單單只是一間寺廟傳遞宗教信仰，它更有著更深的文化底蘊，無論是寺院的建築、家具。對董事長法師而言，這間寺院充滿對母親法師的感恩與思念。

深深水中月

釋智善（華梵大學佛教藝術學系主任）

久聞深水觀音禪寺，似乎是深深海底行的行者好所在。四周環繞著山與樹，棄絕人寰，卻常聞人語響，應是主人翁懷抱淑世幽情。斑駁的外表並不喧譁，顯示樸實無華的好美德。其實住持和尚尼常把大筆功德款挹注於覺之教育，不花在自家門面的裝修上。此利生濟物的菩薩情懷應是感召觀音坐鎮的原因——慈悲即是觀音，以道與應和故。

古樸之美是有的。沉著的觀音，木質的地板，陽光灑下大殿時的沉澱與沉靜，直教人想脫離人聲，安坐其中。怪道華梵董事長常在閉關簡出狀態，蓋此即深山！此方明月常來相照，更向何處覓月明？更向何山深處修？此間有大福矣！

主人宜動宜靜。動則顯露其高格之雅聚，或以新書會友（果然腹有詩書氣自華，何況以法華之法味犒饗諸書友！）或以禪茶一味，佐以古琴之音韻，是日宜話桑麻，宜心耕會心友。靜處呢？自然只可心會。

深水觀音禪寺是華梵大崙山外之山中的桃花源，也是悟觀董事長的辦公桌，可以遊憩，可以靜修，亦可以匯聚腦力耕耘教育，雨法雨潤澤人心。本人慶幸一探此祕境。

喜悅之地

嚴建和（華梵大學智慧生活科技學院院長）

第一次造訪深水觀音禪寺是源起於去年（二〇一九年）受董事長之邀，於當年十月六日（六）參加該寺所舉辦的「曉覺禪樂雲山古琴」禪茶紀念會。由於先前從未到過該地，再加上自己平常也喜歡走訪寺廟，因此在出發之前，心情是充滿喜悅和期待的。在紀念會當天，高雄天氣晴朗溫暖，當到達目的地、走進禪寺裏的那一刻，果不其然，當下的心情是平靜且愉快的。

紀念會以茶會結合音樂的方式進行，整個活動的安排使人心曠神怡，讓平常處於高壓的自己得到了暫時的紓解與放鬆。對於這次的禪寺之行，無論是紀念會的活動規劃，或是禪寺的外觀建築與內在氛圍，都留給我很好的印象。期待下一次的禪寺之旅！

如人為善，另類法雨

成群豪（華梵大學前總務長）

人生隨緣，因緣而轉。我從南臺灣北上到華梵大學服務的第二年，蒙董事長悟觀法師提攜畀以重任，在法師指導提示下，展開規劃及推動佛儒校園境觀再生和體現導師精神再現的多項重要工程建設，如重建般若禪苑，重修文化村、話農苑、六度樓、精進軒（覺之書院）、三友路……，以及修復創辦人禪畫「成等正覺」等等。

悟觀法師十九歲起親近追隨華梵大學拓土者創辦人曉雲導師，深自體會融悟導師思想，於每一項工程規劃之前、展開之際，都會對我教誨導師擘劃學校園林設施時的思想精髓和執著，也不時在工程執行中親力指導，督責品質，讓我自認為在華梵不僅是擔任教育行政，更是肩負覺之教育校園氛圍重生使命之一項另類工程。

悟觀法師經常持著專業級的相機在校園中拍攝景物，學校師生對法師的攝影造詣讚為觀止，也帶動了校園影像紀錄文化之風。而我見到悟觀法師歡喜拍攝校園風光，總是喜愁參半，喜的是校園美景和覺之境教能維護在一定水準，讓法師的鏡頭每次都能有欣喜的捕捉；愁的是大自然四時不言，草木有其榮枯，迎春佳日固然無邊光景，秋冬瑟瑟不免蕭條，恐少宜入鏡之處。然而法師微觀運鏡，獨具法眼地抓住更深藏的花鳥魚蟲生機活潑的畫面，帶領著我能更細膩地觀察校園中另類生命風華。悟觀法師的攝影作品經常出現在臉書上，即使不親臨現場也能欣賞燕巢深水觀音禪寺的美麗景致和四時風華。

每次董事長悟觀法師從燕巢深水觀音禪寺翩然來校，總是帶來春風般的親和，如同帶來南臺灣的溫暖。我既從南方來，卻未曾去過燕巢，一則自有所遺憾；而悟觀董事長主擘校政，南北奔波勞頓倥傯，何以仍能舉重若輕，自若悠然？故對禪寺更有所好奇。某夏幸蒙法師邀請一級主管為校祈求，得緣參加禪寺的法華法會供佛大齋天，終於得解渴盼；而緣一來俱來，因公務所需經常前去禪寺謁見董事長，足跡逐漸豐富起來，此間還規劃執行了孫超老師的雕塑作品地藏王菩薩聖像安座等行程，藝術大師和法師在禪寺相見歡，尤其是與懺悔堂黑觀音聖像道交的妙感應，凡俗如我者似乎覺得和佛教結了一段另類道緣。

去禪寺拜會悟觀董事長多因公務，所以經常三句話不離本行，董事長則經常微笑聽取，婉轉提點我要沉穩、莫急躁，常請我坐在禪寺大雄寶殿西側長廊的老木桌椅品茗。在此品嘗過各種名茶，如大紅袍、陳年普洱、金駿眉等，慢慢滋養了較為細膩的知覺細胞；無論暑溽冬寒，禪寺長廊永遠清泉如初，清風輕拂，讓人體感恆溫，心緒恆定，逐漸培養了感受生命當下之美的修為。不記得是在哪一次去禪寺，和師父談完公事後話著家常，在舒爽的細雨微風和清潤的茶香餘韻中，我突然頓悟，原來師父請我在此品茶休憩，正是古人所稱道的「君子好人之為善而弗趨」。師父禪定生慧，雍容自在，周邊之人能得潛移默化，真是禪寺和師父另類法雨人華的教化了。

隨著走動多了，逐漸知道了悟觀法師孺慕思念母親師父——深水觀音禪寺開山師父開良法師——的感人故事，一如悟觀法師最喜歡的開山老師父創建禪寺時請人專門訂製的老木長桌，四十多年來在大殿東西廊院裏沉穩佇候，傾聽十方信眾吐露心語，在悟觀法師的禪茶一味中慰藉了多少人間事。還有開山師父開良法師在建寺時高瞻遠矚，眼光獨到，採用了珍貴木材作為內修道場圓通寶殿建材，且親自督工施作，工程品質極其講究，年歲久遠而歷久彌新，悟觀法師惜愛有加，用心維護，至今仍然堅實如初，光澤煥發，深得信眾讚歎，也是悟觀師父每每念及親恩懷澤之作。對於母親師父綿長之思，在臺灣眾多寺廟建築中亦當屬另類。

每去禪寺洗心滌垢，開智解惑，逐漸地已不再侷限於向師父請示公務，而是從會見師父時的輕婉話語中承續著感受生命起伏的四季樂章。記憶最深的是當深水觀音禪寺當家師父性賢法師大恙臥榻，我親見悟觀師父憂心忡忡於病情，不計北程延醫細診，是日會見只見師父忙進忙出調備湯藥，竟無暇談話，性賢法師歸寂後師父操辦讚頌，備極哀思。悟觀法師念重情義的身教，摯真性情的典範，自是無聲勝有聲的另類感化。

開良法師圓寂後，悟觀法師接任觀音禪寺第二任住持至今，繼續推動開山住持開良法師及華梵大學創辦人曉雲法師所致力的佛教教育與慈善文化事業。為紀念兩位恩師德澤，悟觀法師成立了普陀山國清教育基金會，積極推動開良讀書會講座、曉雲法師禪畫講座，並開辦教育部學分認證課程，國清書院生命教育系列和人文關懷月會，辦理妙法如華生活營、功德友寫生比賽暨園遊會等等活動，豐富多采。

佛寺關懷社會本不足奇，虔心發力投入資源奉獻於社會教育者則不多見，尤其是經常邀請華梵大學及禪寺周邊院校的老師同參，禪寺不啻園林學院。每一次前去禪寺都見到醒目的教育活動海報，這些海報也都是法師親自設計，極具美感，師父的美學修養可見一斑。這種親力親為的法師，佛儒一家的道場，當然應該也算是另類的道場了。

我在華梵大學承擔再現覺之教育校園氛圍建設使命之同時，在悟觀董事長指導下進行重整「校覺室」功能的任務，增闢了創辦人曉雲導師思想暨天台學研究中心，規劃推動導師思想之研究分析，著作文獻整理及經典詮釋，研究成果編輯出版等工作。另設置了佛教輔導中心，規劃推動各種提供本校教職員生身心安頓的宗教輔導

朱建民校長授課開良寫作讀書會《語絲》讓與會法師、信眾對「儒佛思想」
「真美善」更加深良善心的領會

活動；還成立了覺之教育推廣中心，深耕推廣佛法度世服務精神。由於活動頻繁，悟觀董事長經常帶來許多深水觀音禪寺提供的資源，我則派請同仁開車前往禪寺運回所需物資，自己也曾親征燕巢，取回贊助物資，滿坑滿谷，陣容壯盛，領受的生命豐盛感實難言喻。

董事長還在推廣中心布置材質精美的原木桌椅，長期提供免費茶飲點心，大受師生歡迎，整合研究中心、輔導中心的整體空間，使校覺室成了華梵人氣最高的打卡點，更常見悟觀師父經常駐足，和同學品茗談天說地，似乎將禪寺如人為善教化無形的況味體現在華梵校園，此情此景似乎實現了曉雲導師華開蓮現的教育志業。悟觀法師妙運融通大學和禪寺，如斯如映，應是高等教育和宗教史上鮮見，實在太另類了！

寧靜莊嚴——深水觀音禪寺・悟觀法師

黃明義（華梵大學公共事務長）

因緣際會參與學校活動而走入了深水觀音禪寺，雖然從小有拿香拜拜的習慣，但對於宗教禮儀依然停留在小學階段，因此對於眼前的莊嚴景象充滿著敬畏與好奇。

在前往禪寺之前，我早已從同事言語間稍微了解到，禪寺內有無數關於佛像的莊嚴建築。親見果真如同事所言，映入眼簾的便是最雄偉的大雄寶殿，神聖的莊容，慈悲的神情，除了材質精緻、典雅，給予人一種寧靜、安定感，力量卻無比強大，似乎就是堅貞的守護大眾子民，不由得讓人燃起一股肅然起敬之心，我的心情也為之沉澱、安定了起來，瞬間覺得可以放下繁雜人間事，此時才知曉自己在菩薩面前是如此渺小。

在此之後，我便經常攜同家人前往禪寺走走，因為進入禪寺除了體認莊嚴佛像與雄偉建築外，最吸引大家無非是認識悟觀法師，親切的笑容，開朗的笑聲，還有言談之間總能令人折服的心靈智者；不僅如此，悟觀法師與師姐們每每準備上等的好茶與豐盛點心與眾生分享，宛如家人般親切，離開時也不忘為我們準備豐盛食物，讓所有進來禪寺的大眾會有流連忘返之心。

深水觀音禪寺儼然成為家人在生活忙碌中，每年必回的殊勝之地，並且再次回到寶殿內，向佛普薩頂禮三拜，代表我們最誠摯的感恩之心。

一抹色光蓮華藏

高維新（華梵大學圖書資訊長）

很榮幸受董事長悟觀法師的邀請，能夠有機會親近其住持的高雄「深水觀音禪寺」。董事長的師父開良法師是禪寺的開山住持，當初艱辛創建了這座禪寺，好似我們創辦人曉雲法師早年開創了華梵大學一樣。

妙峰高處雲端上，寒空星稀默照禪；
一抹色光蓮華藏，天地人間音色香。
——悟觀法師

踏入深水觀音禪寺，迎來的是充滿綠意、幽靜及禪意深邃的佛教殿堂，就像一片靜心的福地。走進大雄寶殿，三尊宏偉的三寶佛映入眼簾，虔誦念佛聲陣陣充耳，內心感受到莊嚴、祥和、慈悲以及溫暖。延續著當初開山住持開良法師所要營造禪寺的氣氛與感覺。

在二樓園通寶殿眺望遠方，天空中一群燕子飛翔，回到側殿盤腿打坐，安靜地看著茶藝師熟稔的沖泡茶，一口茶飲，口中清香一陣湧入，禪寺給我們帶來，精神上的力量，心靈上的感動，感念創辦人曉雲法師「覺之教育」，回到華梵大學盼能將這份正能量繼續傳遞給其他師生。

忘憂・解憂

金敏玲（華梵大學健康中心主任）

半生時間在華梵，結下不解之「緣」。因「緣」認識了開朗豁達的悟觀董事長，而因「緣」讓我主動踏進了禪寺，也因「緣」改變了我對佛教的思維。

基督教家庭長大的我，不拿香不禮佛，聽不太懂佛經，也不太懂得佛教禮儀。每每學校薰修活動時，不是站在一旁就是逃之夭夭，從來沒有想過遠在高雄的深水觀音禪寺，竟然會成為我們全家忘憂解憂的地方。

某年某天，奉董事長之命，一級主管為學校祈求前去深水觀音禪寺參加法會，正在參加法會的先生致電報平安，平常愛開玩笑的他認真地告訴我，他在佛前看到我的臉，當下直覺：「緣」，我一定要帶女兒去禪寺走走。

莊嚴清淨，涼風習習，風雅鈴聲，茶香四溢。一踏進禪寺讓人忘憂，看到悟觀師父讓人解憂。在禪寺裏像回到娘家一樣的令人感到溫暖，可以開懷大笑、無所不談的悟觀師父為我們泡上一壺壺好茶，無所不能的師父們、師姊們如家人般忙裏忙出的，為我們準備豐盛美味的餐點，離開時更像父母親般為我們準備了一車子的水果食物，一整天的身心靈薰陶，令人流連忘返。

難忘的梅花爐，難忘的上等好茶，難忘的風鈴聲，難忘的董事長師父談笑風聲的面容……。

漸漸地，深水觀音禪寺已經是我們全家每年必「回」的地方；漸漸地，我們全家走到佛前雙手合一向佛祖祈願；漸漸地，開始了我和佛祖之間的對話。

古剎梵影——深水觀音禪寺活動剪影

林素玟（華梵大學佛教藝術學系教授）

自皈依學佛以來，在內心即不斷尋尋覓覓，找尋可以引領我、指導修行的高僧大德，和值得終生親近依止的道場。與深水觀音禪寺結緣，開始於悟觀法師擔任華梵大學董事長時。在未造訪禪寺之前，便經常看到悟觀師父分享禪寺所舉辦各項活動照片於臉書上。記憶所及，那是一次兒童學佛夏令營的照片，看著許多小朋友在禪寺學佛的開懷笑容，讓人覺得禪寺是一座會讓人安心、開心的道場，禪寺所舉辦的活動也甚有意義。當時心中即萌生一念：何時有幸得以參訪一遊？

當念力生起，願望果真實現了！初次造訪禪寺，但見整棟中軸線兩邊對稱的建築，中間座落著大雄寶殿，東西側兩旁有行政區、寮房、信眾掛單區等，樸實中自有一股幽靜雅致之野趣。禪寺創建於一九七六年，已屹立於南臺灣四十多年，以天台為宗風，在臺灣可謂難得的具有古風傳承的禪寺佛剎。

近三年來，常至禪寺參加許多活動，主要以法會和藝文活動居多。印象最深刻且久久難以忘懷的，一是二〇一七年暑假，悟觀師父為宣揚華梵大學「覺之教育」而舉辦的義賣園遊會；二是法華法會。

猶記二〇一七年七月二日，甫放暑假不久，董事長悟觀法師即為華梵辦學募款，在禪寺舉辦一次大型義賣園遊會。華梵的行政教職同仁，前一天即陸續到達禪寺，為隔天的園遊會作前置準備。當時我奉高校長之命，負責推廣「華梵新六藝」（琴、書、畫、香、花、茶），看著建築系林正雄老師帶領同學在大殿左前側搭建「六藝亭」，亭子結構以一根一根木條接榫而成，沒有使用任何一枚釘子，中間地面鋪上榻榻米，造型素淨小巧，頗有禪意。南臺灣熱情的陽光灑落大殿，一道道金黃色光芒，穿越縱橫交錯的木構小亭，整座六藝亭影子投射在地面上，更呈現虛虛實實、空靈夢幻的美感。

當天晚上和淑玉老師、智玲姊姊、有娟秘書等女同仁，一起掛單在大殿右側的客房內，客房簡樸素淨，設備完善。幾個女人住在一起，像五百隻小麻雀般，整晚吱吱喳喳聊個沒完。隔天一大早，聽得大殿人聲鼎沸，所有義工早已就緒，當中有華梵的同仁，也有護持委員，幾個人一組，分別義賣各種法會法器、藝文用品、美食小吃等。許多物資都是護持華梵的有心人士親手製作或烹調。我們在大殿的左側擺起一桌桌攤位，大殿前方，小朋友的寫生比賽正熱烈展開，許多家長帶著孩子來參加。孩子們認真地欣賞禪寺周遭美景，透過彩筆一一捕捉刻劃；家長們則閒逛攤位，挑選喜歡及所需物品，大多是為了響應義賣而購買。我們這一區都是學校的同仁，為華梵、為覺之教育，使勁地努力叫賣兜售，每賣出一項物品，便像中了樂透大獎一樣，開懷大笑，絲毫不覺辛勞。

從早上的祥獅獻瑞為義賣園遊會開幕，至下午夕陽西下，熱鬧聲中圓滿結束整個活動，共募得三百多萬元，悟觀師父將之全數捐給華梵大學，作為興學基金，其中五十萬元特別指定作為推廣「華梵新六藝」之用，讓新六藝的老師士氣大增。悟觀師父這份無私奉獻的慈悲心懷，令華梵同仁感動非常，也為我上了一課。看著師父嬌小清臞的袈裟身影中，有著強大的意志力，一肩挑起華梵「覺之教育」的命脈，如此身先士卒、用心籌措的氣魄，誰能不起而效法，更加努力奉獻，以報華梵栽培之恩？

園遊會結束後，隔一段時日，悟觀師父又舉辦了一場法華法會，指派三位華梵行政主管，代表華梵大學參加。以此因緣，我又來到禪寺，得以參加一場慈悲殊勝的法會。

這次法會不同於園遊會的熱鬧活潑，而是充滿了肅穆莊嚴。當時對佛教儀軌尚未認識的我，只記得我們三位華梵同仁聽從主法法師帶領，跟著大眾跪拜、起立、跪拜、起立，之後便魚貫走入地下一層殿堂，但見一個個牌位林立，我們一一持香禮拜祝禱，反覆沿著臺階拾級上下，看到了禪寺的另一區設施，也感受到禪寺佛剎靜靜護佑著六道眾生的大悲心懷。

約莫下午四點，開始放焰口大施食，第一次參加放焰口的儀式，感覺新鮮又特別。參加者排坐在大殿左前側，桌上每人一本放焰口經本，隨著主法法師，逐字逐句，口誦經文。也許是因為讀中文系的關係吧！我對文字總有一種特別的感受，一字一句的文字，映入眼簾，總會在腦海中化為一幅幅的畫面，但見〈召請文〉上出現了帝王將相、宰輔文人、他鄉客旅、裙釵佳人等字樣，我眼前為之一亮：「這些都是在中國古典文學中，常接觸的人物形象啊！」我一邊隨著誦讀經文，一邊仔仔細細品味個中意義：

「一心召請：累朝帝主，歷代侯王。九重殿闕高居，萬里山河獨據。」而今卻「嗚呼！杜鵑叫落桃花月，血染枝頭恨正長！」

「一心召請：築壇拜將，建節封侯。力移金鼎千鈞，身作長城萬里。」而今卻「嗚呼！將軍戰馬今何在？野草閑花滿地愁！」

「一心召請：黌門才子，白屋書生。探花足步文林，射策身游棘院。」而今卻「嗚呼！七尺紅羅書姓字，一抔黃土蓋文章！」

「一心召請：宮幃美女，閨閣佳人。胭脂畫面爭妍，龍麝熏衣競俏。」而今卻「嗚呼！昔日風流都不見，綠楊芳草髑髏寒！」

念著念著，眼淚差點掉了下來！一個一個歷史上的帝王將相、才子佳人，在我眼前迅速掠過，上臺、下臺，一切都如夢、幻、泡、影，那麼虛幻不實，即便是天子帝王，叱吒風雲，到頭還是一堆泥！不論是出將入相，文治武功，終究還是一場空！曾經筆墨縱橫，洛陽紙貴，也只徒留虛名供笑談！縱使傾國傾城，紅顏爭豔，難免黃土隴頭成白骨！沒有任何一個人可以逃脫得了「死亡」！而我呢？若干年後，又將安在哉？什麼才是可以讓我不恐懼、不害怕死亡、可以終生依止的價值意義？什麼才是這一生的終極追尋？經過這次放焰口的洗禮，我好像有了更堅定的答案！

前半生雖然勞碌奔忙，但我知道，未來的半生將如何抉擇！感恩悟觀法師，感恩深水觀音禪寺，經過這次法會，讓我更確信，此生「衣帶漸寬終不悔，為伊消得人憔悴」的菩提道路上，沿途會是什麼風光了！

隨喜讚頌——深水觀音禪寺創寺住持開良法師

陳秀慧（華梵大學中文系副教授）

深植蓮因養聖胎，水清月現主翁來。
觀聲救苦大士願，音覺有情入法海。
禪行般若佛心顯，寺開普門蘊慈藹。
良師衣缽慶傳承，悟者鐵肩任無礙。

掃盡胸中塵

戴正玲（華梵大學智慧生活科技大數據管理組副教授）

去過深水觀音禪寺的人，應該很難忘懷那林木環繞的紅柱寺廟，以及縈繞耳際的禪宗吟唱！

與深水觀音禪寺的緣分起於董事長孝心為紀念創辦人曉雲導師圓寂十五周年舉辦的古琴音樂茶會，也起自於董事長悟觀法師的慈心邀約，大夥兒們便浩浩蕩蕩地從臺北來到國境南端，畢竟是兩個小時以上的車程，眾人因為心懷雜務而顯得悶熱躁動，由高鐵轉搭遊覽車之際，暈車的感覺逐漸襲來，司機一個轉彎後停下，深水觀音禪寺到了！轉瞬間遠離塵囂，置身於山林草木之間。

映入眼簾的紅色梁柱與挑高的廟宇，宏偉又肅穆的氣魄讓人心中一震！搭車的煩悶一掃而空。脫了鞋進入禪堂，踩在沉穩的木地板上沒有任何聲響，放眼望去古色古香的木門與窗櫺，樸質的木質色調，浮動的心也隨之沉澱下來。偌大的殿中清風徐徐，山林葉片沙沙作響，三大士端坐殿中央，以慈悲的眼神安撫來人。眼前景象令人讚歎！這實在是一間不同於一般修行者的禪寺，充滿著濃厚的靜謐氛圍，進得殿來，心中一片清涼。

法師一如往常輕聲問候大家，接著便禮佛、吟唱。

我對佛教沒有認識研究，只能隨著法師念著梵音。法師聲音由遠而近，時而繚繞、時而悠揚，發自丹田的深遠深厚音量，帶領著所有在場者的心靈馳騁於開闊的圓通寶殿禪堂之間，眾人齊聲呼應，大家的心靈與法師的聲音合而為一，壯闊的聲音穿梭於廊柱之間，空間中只剩低沉歌聲迴盪，片刻間，世俗雜念不見，心中剩下通徹與安詳！

當聲音戛然而止，我的心靈卻仍然震盪徘徊，這是什麼？原來，禪宗竟可以與我如此靠近！我的思緒仍在董事長吟唱之間遨遊！

短短數十分鐘，心靈激盪！就像到山林一遊，或閱讀禪書一卷，甚或經清溪洗滌一場，喜不自勝，讓人流連忘返！

就算知道回到臺北之後，又是世俗纏繞，意念紛亂，但在此時此地，我們誠心將雙手合十，靜享無限安祥之慧！

法喜恭敬力

聶蕙雲（華梵大學佛教藝術學系副教授）

我於二〇一九年元月十二日初訪深水觀音禪寺，在陽光明媚的上午，搭車沿著深中路右轉緩入牌樓，一路間綠意深淺參差，隨處生機，活潑歡喜。驀然黃瓦白牆朱柱現前，四蓮柱形塑山門而立，雕琢立體豐美中帶著質樸素雅，上有卍字恢弘莊嚴，四周花木扶疏，錯落有致，讓人印象深刻。

有別於我對於北部寺院著鞋而入的意象，深水寺脫鞋拾級而就的第一步，人們先收攝端正了內在意念。目光所及，潔淨清靜，在大雄寶殿左側戶外與同仁們自在隨喜而坐，在茶點與臘八粥、玉米的真滋味裏，一期一會，惠風和暢，徐徐不絕。在同樂笑語不斷的歲末感恩聚餐裏，感受董事長護校精神更感受到美雲護持發悲心、行大願，捐獻華梵及學子的殊勝功德，令人動容讚歎！

午後，花藝香道伴茶韻，佇立二樓廊道遠眺，則竹葉林綠，茂密蔥蘢，生生不息，妙運圓融之境，著實自在歡喜。行經二樓圓通寶殿，由外向內凝視靜默，木質的地板，溫潤的祥光，高廣的彩繪雕飾，映著觀世音菩薩、文殊師利菩薩與普賢苑王菩薩。此種莊嚴慈悲，從容淡定之美，在在令人肅穆攝心，法喜充滿，恭敬瞻仰之情滿溢，那一幕至今難忘，也種下了我燕巢此行最美的記憶與風景。

深耕在華梵

仁安法師（華梵大學校覺室）

思念可以多長？憶念能有多久？

感念可以多深？紀念可以是什麼方式？

踽踽行至圖書資訊大樓曉雲導師紀念館前，這是一處通往多棟樓的川堂，陳設有「東風再現——華梵『新六藝』展示」，佛像莊嚴肅穆安祥端坐，四面群山環繞，雖不是高山峻嶺，頗能令人感受靈秀之氣。佇足於此總會想起董事長悟觀法師曾在此辦過好幾次紀念創辦人曉雲導師的活動，以茶席講座分享親近導師因緣等等，席間有古琴演藝、花藝布置，將六根直接觸及於外的六塵境中，猶如醍醐灌頂般的令人衝開耳目。

不久前董事長悟觀法師特地選在創辦人曉雲導師圓寂十五週年當天，再次舉辦茶席，以「曉雲禪心話普茶」及董事長悟觀法師《法華經者的話》新書發表會的方式追思。從貴賓的邀請及憶念導師過往的點滴，細品悟觀法師的新作，場面溫馨感人。這樣以佛教藝術為主題，透過品茗與分享禪畫、新書的方式追思曉雲導師，由藝入禪，道藝合一，進而讓人體驗禪悅，達到真善美的生命意境，其實需擁有強而力的儒佛（華、梵）兩大文化背景以為底蘊。古琴、書道、茶道、花藝呈現的藝術主題，琴棋書畫可謂是中華文化藝術精粹，再借由禪茶開發眼、耳、鼻、舌、身、意，六種感官的覺性，是獨一無二的人文特色，讓與會者薰習其氣氛，享受由藝入禪，道藝合一的氛微。

原來思念可以這麼長！憶念可以多久！感念可以很深！追思可以用如是方式！「和」、「雅」二者的精神可以充分的展現在茶道上，茶席之間隨著古琴的演奏將人帶入另一個超然的境界，正如白居易詩中所吟詠的：「古琴無俗韻，奏罷無人聽。寒松無妖花，枝下無人行。……眾目悅芳豔，松獨守其貞；眾耳喜鄭衛，琴亦不致聲。」不喧鬧於人間，這也是人們所說的君子之德，「眾器之中，琴德最優。」董事長悟觀法師喜愛古琴的原因，或許可以從中略窺一二。

茶與禪的結合應該並非偶然，而是有著文化的淵源。佛教之所以為中國文人階層接受而中國化的原因之一，應該不出於它與魏晉玄學談玄有關。佛學有成熟的理論體系，著重心性之自悟。而茶的品性淡樸高潔，有清通自然的特性，飲之使人恬靜清寂，有助明心見性之功。茶與禪相通之趣在於只可意會而不能言傳，難怪趙州觀音院從諗禪師接見人時，無論來過與否，都用「喫茶去」回答所有的問題。黃龍慧南禪師有詩云：「相逢相問知來歷，不揀親疏便與茶。」喝茶雖是生活中信手拈來的事，不為俗事所擾的人才能細品茶中清苦幽沁脫塵的味道。禪師崇尚自然之道，能放況自然隨緣任化體現了最玄妙的，或許往往也就在最平常之中！

或許這是悟觀董事長天生的使命，任重而道遠！「高山仰止，景行行止」以師志為己志，八年了，我看見董事長深耕在華梵，這一份承擔是來自於菩薩的悲情深願！又一個感人紀念追思的圓寂紀念日，感恩一位默默奉獻佛教、建寺，為佛教培育法門龍象的深水觀音禪寺開山祖師開良長老尼，為佛教教育培良棟，將悟觀法師獻給佛教，獻給深水觀音禪寺！也獻給華梵大學！

我不是過客而是歸人

劉有娟（華梵大學秘書室組長）

對於深水觀音禪寺的印象，始於董事長悟觀法師的臉書。透過臉書的文字與攝影，禪寺的種種，逐漸由陌生而熟悉，由熟悉而親切。臘月的梅花、池中的蓮花、夕陽美景，透過一張張的照片，展現生機與活力，就連燦爛冬陽下晾曬於寺中的高麗菜乾，似乎也在親切地呼喚著我的味蕾。仿若我亦與禪寺共度日夜晨昏，神遊於寶殿的莊嚴明淨，感受廊道間之徐徐清風與陣陣茶香。身雖未至，心已嚮往之。

近幾年因董事長悟觀法師在深水觀音禪寺，為華梵大學招生募款舉辦活動，遂有機會隨華梵大學的師長們幾度造訪禪寺。寺徑紅花翠竹，秀色宜人，仰望寶殿建築，橙色的屋瓦與紅色的廊柱，在藍天白雲的襯映下更顯莊嚴。董事長悟觀法師引領大眾進入大雄寶殿參拜禮佛，頓覺身心收攝，清涼自在。禪寺之美，不只於雄偉的建築與怡人的景物，其濃厚的人文藝術氣息更加引人入勝。悟觀法師承繼開良法師及曉雲法師之志，推動佛教教育不遺餘力，融合佛教文化與人文藝術之精神，舉辦音樂茶會、妙法如華生活營、寫生比賽、園遊會等佛教慈善文化與社會公益活動，活動中常融入花藝、茶席、書法、禪樂等，儼然是人文與藝術之饗宴。

二〇一八年三月十八日董事長悟觀法師在禪寺舉辦《般若與美》新書發表會，命我於茶席間彈奏古箏。茶席設於二樓圓通寶殿，古箏擺放在寶殿入口，午後的陽光灑進殿內，落在琴弦之間，交錯的光影，真美！坐於琴前，望著正前方莊嚴慈悲的菩薩法像，低眉慈目，一股溫暖祥和的力量，撫平我忐忑緊張的心情。調柔呼吸，內心逐漸澄澈清淨，雖琴藝不精，指尖卻也能隨心意遊於琴弦。琴音落下，邊疆舞曲的旋律迴盪在大殿之間，時而抒情，時而奔放，彝族熱情的舞蹈，舞在山寨迷人的夜色，也舞出我內心莫名的感動。多麼不可思議的殊勝因緣，在寶殿、在佛前，我與琴合而為一。

深水觀音禪寺的日常，與世無爭，歲月靜好，每回登寺，塵俗盡消，物我兩忘。不禁有感而發，我不是過客而是歸人，歸於禪寺的晨曦與落霞，歸於佛陀的智慧與慈悲。

尋根溯源之旅

彭家賢（華梵大學軍訓室教官）

二〇一六年八月三十一日，在悟觀董事長的允許下，黃明義學務長帶領社團幹部、宿舍幹部到深水觀音禪寺，辦理兩天一夜尋根溯源之旅的活動。

在此活動之前，對悟觀董事長的印象停留在，聽到熱心的職員姜美蘭在學務處門口吆喝著：「董事長悟觀法師請人從高雄送素粽、素饅頭、芭樂、米等等來囉，趕快出來拿唷！」所有教職員都有，每種一人拿一個「呷平安」。每逢過節、辦法會、水果產季，董事長悟觀法師總是對教職員默默地照顧，透過姜美蘭高亢的嗓音，將董事長內心深處欲表達關懷的心意傳達到每一位學務處同仁身上。對深水觀音禪寺的印象則是透過悟觀董事長臉書上分享的照片而有了初步的認識。

尋根溯源活動是我第一次親近悟觀董事長，也是第一次到深水觀音禪寺，從華梵大學出發，坐車約四個半小時。同學們在禪寺下車時，神情略顯疲態，但這疲態感很快地被熱情招呼的董事長法師及志工菩薩給融化，大家進入大雄寶殿向釋迦牟尼佛、藥師佛、阿彌陀佛禮佛後，馬上享用禪寺準備的午餐，接著進入董事長悟觀法師精心安排的十六個茶席。茶席間悟觀董事長分享與創辦人曉雲法師相處的過往，以及曉雲法師巧妙引導悟觀法師待人接物的故事，大家聽得津津有味之外，似乎也了解為何董事長悟觀法師將每一參加的人員都視為上賓的感覺，因為創辦人曉雲導師就是這樣對待身邊的人，再來有大功德主黃美雲居士與大家分享她的事業經營與學佛因緣。

茶席結束後，在悟觀法師的帶領下，參觀開山住持開良長老尼建立的深水觀音禪寺，大雄寶殿寺埕有蓮池海會、兩側是廂房，大雄寶殿上方是圓通寶殿。哇！令我非常吃驚的是，禪寺裏的人不多，這麼大的禪寺居然可以打掃得一塵不染，真的很不簡單。禪寺裏面有兩個罕見的東西，也是讓我印象深刻的，其一是大寮裏面的梅花灶臺，其二是東廂房三樓的黑面觀世音雕像。

經過一夜無車聲喧囂的休息，大家起床用早齋，董事長悟觀法師從她用餐的位置端來三十年的老菜脯，分享給大家，又是讓我一驚！老菜脯年分愈久愈珍貴，悟觀法師居然分享給我們這些初次見面的人，心中對悟觀法師的感佩之意油然而生。

早齋後，我們出發前往佛光山的佛陀紀念館，原本行程規劃及接洽，僅是一般團體參觀佛教的文化資產。董事長悟觀法師知道我們的行程之後，早已跟星雲法師的弟子滿溢法師聯繫接待事宜，讓我們接受高規格的接待，慈惠法師等的開示談話，以及董事長與慈惠法師席間的對話，讓我感動的另一面是董事長法師總會默默的付出。佛陀紀念館參觀行程完畢，悟觀法師在停車場大門口跟我們二臺遊覽車師生揮手道別，我的感覺不僅是道別，她的手就像蒲公英的枝幹搖曳著，請我們將這兩天所接收的善種子發散出去，讓利他的精神發揚茁壯。

與深水觀音禪寺的因緣

陳德旺（華梵大學董事會助理）

「緣起」是佛教思想的核心。一九九四年底個人考上教官，借派到大專校院服務，因基本資料宗教信仰欄填寫「佛教」兩字而進入華梵大學，因此後半生二十五年時間與華梵結下不解之「緣」為親因緣。後因奉前校長朱建民令調到董事會服務，親近了智慧慈悲圓滿的悟觀董事長，而因這個因緣讓我踏進了深水觀音禪寺，也因等無間緣之「緣」及增上緣之「緣」時常前往禪寺，親近董事長受教於董事長，做錯事也常遭董事長喝斥，學習做人處事的方法，不斷增長學佛的道業。

經云：「未成佛道，先結人緣。」董事長的「恆順眾生」讓我欽佩。重整「校覺室」想要發揚導師的思想精神，在學校落實校覺室的功能，但是並不如人意，董事長還是禪思禪思。我看到的悟觀董事長任職七年多來對學校付出奉獻，如大筆捐款，為實現創辦人曉雲導師如來之家的使命，以及二部並進叢林與社會教育，完成整建「般若禪苑、文化村、精進軒、覺之書院」等工程，修護及購置多尊佛像莊嚴安置在般若禪苑的「般若堂」，以及維修創辦人「成等長覺」、「拈花說法」兩幅禪畫，並每年舉辦創辦人曉雲導師禪寂周年及覺之書院人文月會活動等等來紀念創辦人。

每次踏進深水觀音禪寺，就想到董事長的用心，如菩薩般以柔順與護持居士結良緣，為校永續經營募款，也體會到悟觀董事長運用善巧方便教化教職員生，使創辦人曉雲導師創辦之華梵大學志業如堅固般隨順轉化；更想到董事長的廣大布施心，華梵校覺室「覺之教育中心」茶與餅乾等，好吃水果與物品，與大眾分享結善緣。看到清淨莊嚴雄偉建築的禪寺，如沐春風，品茗好茶，以及聆聽悟觀董事長開示，聲聲法語及茶香總讓人忘憂解煩，如醍醐灌頂開智慧般順利化解困難與煩惱，身心靈的薰陶之後，常常高興的帶著一車的水果食物及解決方案，走上國道三號回華梵大學之路。

去年（二〇一九年）雙十節連假前，從學校發車到深水觀音禪寺，下午塞車嚴重，準備好要載回學校的東西。晚上董事長特別犒賞一下，親簽《法華經者的話》贈我，「緣緣之緣、念佛心、心中佛、常念佛、則妙境緣妙智，妙智緣妙行，妙行緣妙果。」董事長說：勉勵我要做個「妙行人」，就是法華經者的精神。法緣法語受用年年歲歲，有機會載運創辦人曉雲導師禪寂十六周年紀念暨董事長悟觀法師新書發表會的物品，真是值得。

說到因緣法，讓我想起董事長悟觀法師，在指導我們處理事務須以慈悲圓融的態度來面對時，董事長常常會以自己的師父、深水觀音禪寺開山祖師「開良法師」利生的觀念理念為例：在未開山前，一向以慈悲為懷，關懷貧困家庭生活與公益，對於社會與佛教教育，無不鼎力護持，期能培育出品學兼優之青年，造福社會人群。我們董事長悟觀法師秉持母親師父菩薩悲心的宏願，賡續發揚光大。

因緣法的故事是這樣的：三年前董事長悟觀法師因為急著要募得兩千萬的獎助學金，心想著要向人募款，自己就要先布施給窮人家孩子的學費。剛好應陶藝家施繼堯邀請前往臺中菩薩寺參訪，董事長看到西藏兒童需要教育金，遂即當場捐款十萬元給菩薩寺，結果不到一星期，學校接到郭松林居士匯款三千萬元，我們感受到或許因為董事長的老師父開良法師加持，以及董事長悟觀法師的發願，才感應到住在高雄三鳳宮附近的郭松林居士捐款三千萬元，護持華梵大學辦學，真是令人感動也值得一提的一件美事。

還有另前年（二〇一八年）新任校長上任，提出二千萬元要買工學院設備的機具需求，在少子化導致學校收入減少、經費拮据的情況下，董事長悟觀法師一本初衷全力護持華梵大學，再次感得郭松林居士前來捐款，郭居士原本表示只能捐款六百萬元，經董事長悟觀法師善巧方便的開導，後來郭居士精算下當場又表示只能捐一千二百萬元，但是不可思議啊！不到一星期，郭居士又騎著摩托車跑來深水觀音禪寺找我們董事長悟觀法師，說他可以圓滿董事長為學校募款二千萬元的需求，真是令人感動又深感不可思議，為什麼郭居士又有這八百萬捐款？最後竟然捐了二千萬元，啊！真是佛菩薩及深水觀音禪寺黑觀音菩薩的護持，感應道交、無不靈驗的緣緣之緣啊！

因緣法另一個感人的菩薩發心故事，發生在二〇一三年，悟觀法師上任第五任董事長時，為了要重建火燒後的般若禪苑，整建文化村需要募得建款，經由月霞及季昕師姊介紹美雲居士給董事長認識。美雲居士是個虔誠的佛教徒，待人謙恭有禮，由於董事長悟觀法師一封親筆所寫的感謝函，感動了美雲居士的因緣，讓美雲居士對董事長悟觀法師非常敬佩萬分，董事長所拜託交辦的事情，她都二話不說，鼎力護持，前後發心護持華梵大學般若禪苑重建五百萬元、文化村整建八百萬元、國際禪學中心六度樓改建四千五百萬元、國際禪學中心覺照樓宿舍改建三千萬元，以及不斷鼓勵學生的獎助學金，一百萬到二百、三百萬不等。

還有更值得一提的是去年（二〇一九年）的華嚴法會，董事長希望美雲居士願任一千萬元的大功德主，美雲菩薩也馬上歡喜心的護持，如此鼎力護持，讓我們做起事來信心滿滿，美雲真是一位了不起的發心菩薩！更是成就諸事順遂善法因緣的菩薩。阿彌陀佛！感恩！

收筆之時又想起一些感人的事情，校覺室護持者除了美雲居士外，還有季昕師

深水觀音禪寺住持暨華梵大學董事長悟觀法師舉辦妙法華生活營，護法黃美雲居士前來鼓勵同學及頒獎

姊、月霞、宋先生、宋太太等護法，全力護持董事長悟觀法師募款辦學永續經營，繼續步步完成創辦人曉雲導師最後一幅畫——華梵大學的心願。月霞師姊、宋先生、宋太太等人除了法會每次參加二十萬元外，也連續好幾年贊助學校辦理「五月心感恩情暨浴佛典禮」活動所需用的壽桃及油飯等；季昕師姊於法會也盡心盡力募款在百萬元以上，讓我們承辦法會的人員，沒有壓力、感到歡喜欣慰；另徐成燕師兄也將他收藏多年有關創辦人在臺灣銀行將美金及其他外幣等換成臺幣來使用辦學經費，徐師兄將它捐給校覺室作為紀念創辦人辦學的辛勞。

走筆至此，可見得感人事情或故事實在太多，不勝枚舉，感恩之心，這次因新冠疫情，我們董事長悟觀法師為全校教職員工及學生平安祈福，於四月五日到七日特舉辦《妙法蓮華經》祈福法會，董事長又請月霞菩薩跟美雲菩薩說，不可思議的月霞菩薩竟然可以知道，董事長心中要美雲菩薩護持捐款的數目，真是不可思議的感應道交。法會圓滿結束，我開車送宏學師回深水觀音禪寺及供品給護持居士吃平安。

四月九日早上董事長泡「有故事的茶」給我們喝，很幸運邊喝「清香頭等茶」邊聽董事長說著感人感恩的故事，真是身心靈洗滌的早茶。

故事內容就是禪寺開山祖師開良法師為眾生法身慧命，建寺時一邊設計工程，一邊自己叫材料蓋禪寺，有位賣鋼鐵的蔣居士，是為人憨厚正直的生意人，有次被朋友倒了錢，經濟產生困難，開良法師幫忙他一些事，讓他稍微生意渡過難關，又好起來之際，蔣先生為了感恩開山祖師開良法師，連續三年買了二十斤清香頭等茶，蔣居士還多年買蘭花、菊花護持禪寺法會，莊嚴佛堂。

護持，法味，深緣，深思

季昕（校覺室護持者）

想起當年只知道悟觀法師還在日本求學，一九九六年回國後，華梵大學創辦人曉雲導師要她來中文系、哲學系、東方人文思想研究所任教，而且也才知道法師是我們導師的學生。也知道法師一九九四年接法天台法脈成為導師的法子，如是而已，所以見面只是微笑打個招呼，說是寒暄問候其實是感覺到法師的親切。為好奇，而來華梵園地玩玩。

為導師的「教育」事業工作，竟而從華梵大學民國七十六年建校開始，就護持我的師父曉雲導師的教育事業至今，雖然師父老人家已經圓寂十六年了，華梵大學也已經邁入第三十年的歷史歲月。

自悟觀法師二〇一一年接任華梵大學第五任董事長至今，為護持華梵大學的事情有了接觸董事長悟觀法師的機會，竟然還成為了當年夢想的悟觀師父的粉絲。

慢慢了解師父處事待人親切的樣貌，與我之前認識的其他師父太不一樣，這麼謙和低調，態度和藹親切，又平易近人，觸動了我。也因為董事長悟觀師父常常提醒我要誦《法華經》、念佛「念佛心心中佛常念佛」才開始真正知道學佛的法味，跟親近導師有一點不一樣的喜歡心，可能容易親近的關係，而接納師父時常的教誨，甚至景仰師父、進一步認為師父是導師真正的傳人。

大約說說我景仰董事長悟觀師父的理由：

一、她的心胸，其大無比，海納百川，有容乃大。

記得二〇一三年年初，師父上任華梵大學董事長的隔年，在華梵大學的祖堂「華梵堂」，因為慧海園遊會活動，師父也護持擺六個義賣攤位，貨色多到使人驚豔不已，經過師父的攤位時，介紹我的兩位好友（月霞、宋太太）是華梵的大護法。師父二話不說，從攤位拿了有機茶葉各送我們一盒，讓我的朋友深受感動，從此就真的成為師父的大護法了。

師父的心量非常大，有捨有得，大捨大得。

學校辦法會時，募款收入全歸學校，支出全由師父個人獨自負擔，師父說讓大家一起植種「覺之教育」的福田。

二〇一三年歲末聚餐，師父送給我們每人、一個千元紅包，大家說受之有虧，集合起來要供養法師，師父說：「你們護持華梵已經功不可沒、很辛勞了，不必供養我個人。」大家聽了很感動，師父把它轉捐給華梵大學做教育基金。（其實這句話，我最愛聽、最受用，凡事要為眾生，佛菩薩絕不辜負有心人。）

誠如一些大師所推行的人間佛教，要去實行，我記得導師的教誨曾言：「不需多說什麼，讓您的行為為您說明一切。」觀師父做到了導師的這一句名言，這是我親近她之後的心得。

師父上任董事長後，積極將當年火燒後的「般若禪苑」、從一片廢墟重建修復完成一間間莊嚴的般若堂、停雲閣、菜園等等，師父常常向我表達，很感恩我帶月霞、月霞帶美雲與宋太太來護持。隔年又改建當年導師創校時的安居宿舍「文化村」，師

季昕師姐接受深水觀音禪寺與華梵大學大結合舉辦妙法華生活營園遊會感謝狀頒獎（2017）

父做到了尊師重道的風範；並新建了「學人宿舍」、「安居寮」等，整理四周的環境，使之優美怡人。

師父這樣做的理由很簡單，師父說教職員們工作非常辛勞，要給他們一個舒適的休息環境，每人一套房。之後學校教職員告訴我，感恩師父的慈悲，以後冬天不怕洗澡感冒了。

由於今年年初的肺炎疫情，港澳學生隔離十四天「閉關」的場所，就是師父上任董事長一年後修建完成的文化村、學人宿舍、安居寮，四周的環境不亞於溪頭，杉林溪等風景區。

這些建築費用都是師父去募款得來，師父不居功，由於師父的大願力故，才感動月霞、美雲、宋太太、宋金龍先生以及校覺室護持者，也感謝幫忙募款的你我，還有當時總務處的成群豪總務長及同仁們；而且師父還說：自然更要感謝當時朱建民校長的鼎力支持，幫忙通過議案。

師父生活非常簡單，但對他人非常慷慨，令人感動。所謂嚴以律己，寬以待人——尤其對學校的教職員及同學。

據我所知師父這十幾多年來，從未出國，因為她個人的錢財全部投入華梵大學，投入覺之教育，我藉此機會因緣向敬愛的師父致敬，頂禮創辦人曉雲導師與董事長師父。

二、師父的戒律嚴謹，大慈大悲，大智大慧，這是我接觸師父多年來的一點點覺受影響的感受。

所謂「吃果拜樹頭」、「飲水思源」，更要感恩深水觀音禪寺開山老師父，是師父的母親開良法師送給我們如此優秀的悟觀法師，感恩頂禮深水觀音禪寺開山開良祖師。

同時要感恩導師造就一位如此出色的學生、法子。悟觀法師的願行，往後華梵大學校史上留下光榮的紀錄。謝謝董事長師父，感恩創辦人曉雲導師，感恩深水觀音禪寺開山開良祖師！阿彌陀佛！大慈大悲觀世音菩薩的大喜大捨。

結一個好緣

蔡月霞（校覺室護持者）

民國一〇一年悟觀法師當時擔任華梵大學董事長時，我與她結下善緣至今。

第一次來到深水觀音禪寺時，才了解師父是以道德和仁愛作基礎，所以研究學問以濟世為目的。認清宇宙人生的真相，讓現代的教育，達到完美，除了現有的教育理論之外，推動佛陀的教學是刻不容緩的工作，教育短期看不到成果，但一定要有人去默默耕耘，才能開花結果。

感恩師父無私的奉獻。

蔡月霞師姐於深水觀音禪寺與華梵大學大結合舉辦妙法華生活營園遊會代表黃美雲居士捐款

善法因緣讓我們結了善根福德

周美伶（校覺室護持者）

悟觀法師剛上任華梵大學董事長，二〇一一年時慧海園遊會在華梵大學的華梵堂前廣場舉辦，季昕師姐介紹我與月霞師姊，在園遊會中認識了董事長悟觀法師。

這樣的緣分，間接知道法師是深水觀音禪寺住持，在幾次的善法因緣成熟，我們去了深水觀音禪寺，參加法師為華梵募款招生的活動，活動中常常吸引我們目光的是，室內雕工精緻細膩莊嚴的菩薩，以及前殿、一大圈蓮池海會的緬甸玉、青斗石雕刻而成的臥佛及佛菩薩聖像，還有法師設計的法華經變圖，看了讓人深深覺得開山祖師開良法師的辛勞與用心。

活動圓滿結束後，我們坐在大殿外的迴廊，有馬、青蛙等動物形狀的青斗石坐

椅，徐徐微風吹來格外感到身心靈的舒暢。真正了解開山創建的開良法師對於寺廟的建築相當有眼光，更感動她老人家長期護持華梵大學興學，和自己推動佛教教育，熱心從事慈善活動與社會公益，實在很令人讚歎！

宋金龍賢伉儷接受深水觀音禪寺與華梵大學大結合舉辦妙法華生活營園遊會感謝狀頒獎

我見我思

李宗明（華梵大學書院教育處生活輔導組組長）

一、幸福的滋味

深水觀音禪寺給我的第一個印象，是我帶著華梵大學的學生來參加董事長在禪寺辦的大專生「妙法如華生活營」，禪寺竟準備一整個冰櫃的冰棒，任由學生享用。炎炎夏日的午後，打著赤腳在外殿上行走，感受地面的溫度，就好像赤腳走在暖暖的沙灘上，一樣的自在。夕陽下，吃著冰棒，看著夕陽，不會無限好，只覺好幸福。

二、風水寶地

在大殿與兩側廂房之間，習習涼風從來不絕，天氣再熱，坐在這泡茶，品著茶香，享受著清風吹拂，內心一陣舒坦，也不覺得是來受訓佛法禮儀的。

如果來往禪寺太於倉促，或許就不會知道禪寺一側有一道溪流緩緩流過。人家常說風生水起好運來，禪寺應該就是其中的典範吧！

三、蓮池海會

這一區值得一提的東西很多，疏落有致的青斗石雕燈（有十二生肖喔），既是園林景致，單看又是雕刻良品，在意境上又彰顯出蓮池海會諸佛菩薩共聚一堂。月圓之夜，站在大殿外順著悉達多太子所指，有一輪皎潔明月，月光下心中無明湧起一股莊嚴肅穆的心念。南無大慈大悲觀世音菩薩！南無大慈大悲觀世音菩薩！南無大慈大悲觀世音菩薩！

四、圓通寶殿

站在花梨木地板上，望著莊嚴的三大士，紅豆杉木所雕刻的大慈大悲觀世音菩薩、大智文殊師利菩薩、大行普賢菩薩。董事長導覽時解釋說：三大士代表了佛教的慈悲智慧禪定。我心中竟然湧起一種平靜的感覺，若能坐下來好好用功一番，當能有所精進。禪定是靜慮，是六度之一，亦是三無漏學之一，有禪主宰心中的念，定中發智慧，自然任運，圓通無礙的大慈悲心。

五、綠繡眼

燕子會築巢在佛寺殿堂周邊，很常見，但是我倒是第一次看到綠繡眼很壯觀的築巢在人們眼皮底下的。知客廂房前，或住眾的寮房前，或禪寺種了幾棵盆栽樹，樹其實不高約二米吧，綠繡眼就築巢其中幾棵樹上，不怕生也不怕人。而且據我所知，至少築了好幾次巢。綠繡眼其實靈性很高，若無善法因緣，是不可能一而再，再而三築巢的，可知這裏的人是讓綠繡眼如何的感到親切。

六、人文薈萃

從國道十號下來燕巢交流道，直走到禪寺，短短幾公里路程上，卻有四所大學紛紛設立在沿路上，燕巢並沒有都市化或是繁華街區，但卻是人文薈萃之地。

七、梅花灶臺

小時候家中也有灶臺，但是單座型跟雙座型的常見，梅花形的灶臺倒是首見。灶臺形諸多年卻未見陳舊老態，反而穩健如昔，睹物思情倒也不至於，但是這個灶臺驗證了生生不息的薪火相傳。

八、息心之所

禪寺給人一種很安心的感覺，之前有機緣時，常常會藉故去走上一回或是住上一晚，享受禪寺給我的氛圍，無形中多了一點靈性跟精進。後來機緣不再，就不想再攀緣，畢竟用功還得回到自身功課上。

後記：其實禪寺最精采與最美麗的風景是方丈住持悟觀法師，在她主持領導下，禪寺才能長年維持欣欣向榮。我是她華梵大學東方人文思想研究所的學生，但是她給我的教導與薰習，卻很難形諸文字。只好另闢蹊徑見諸於景觀風貌，希冀引起諸善知識的興趣而前往，而得以親近高僧大德。

讓人安頓身心、親近倚靠的深水觀音禪寺

陳怡伶（華梵大學董事會組員）

第一次聽聞深水觀音禪寺約在七年前悟觀法師擔任學校董事長之後，當時只覺得住在高雄燕巢的她似乎遙不可及，然卻時常接獲通知，說各單位分派有董事長悟觀法師一大早從禪寺載運上來，還暖熱的粽子、饅頭等美味熟食，以及可口好吃的水果。後來我懂了！悟觀法師親自操持安排這一切，只為了表達她對學校同仁付出守護華梵大學與導師志業的真心感謝。

真正到禪寺禮佛則是四年多前，學務處宿舍幹部「尋根之旅」研習活動把我一起

「包裹夾帶」，方得以初探並且夜宿，親自走訪當時只是常在臉書上看到的深水觀音禪寺，一窺傳說中的梅花灶、黑面觀世音菩薩聖像慈悲的廬山真面目。

一年半前承接董事長交辦的地藏法會文書事務，以及學務處感恩之旅的因緣，再次兢兢業業地前往並夜宿深水觀音禪寺，終於有較多晨昏時間自由探訪禪寺廣闊的前庭後院。爾後因職務調整負責協辦董事會業務，所以又偶爾會因為公務之須前往禪寺幾回。來回親炙禪寺的次數不算多，也從來不會刻意計算究竟去過幾回，內心只感到不論是被夾帶、或隨順因緣、或工作之需前往，偌大的禪寺建築與庭院很是莊嚴清淨，讓人莫名的就會感受到溫暖歡喜和自在。

禪寺內外總是明亮幽靜，讓人想隨時恣意隨地而坐，第一次看到禪寺明亮無塵的地板時，震撼感動到瞠目結舌、只差沒滿地找下巴——因為終究還是有接住自己的下巴！尤其是樓上的圓通寶殿在傍晚時分，陽光或丹霞餘暉灑進來時映在木地板上的美景、情境與氛圍，只要曾經親身體驗過一回就足以終身回味！

在來去幾回禪寺之後，不得不由衷敬佩、也感謝創建禪寺的開良法師，讓我們因華梵大學隨著董事長悟觀法師的緣分，得以在高雄有如此清淨莊嚴卻不失親切溫馨的地方可以倚靠。她，不僅只是華梵大學的倚靠，也漸漸的成為我們有所感應、有所體悟的個人心頭依歸。

我時不時會想，是什麼樣強大的能量，可以讓董事長悟觀法師在操持寺務與繁重且艱辛的校務間，依然自如游藝為文於瞬間？在來去幾回禪寺之後，似乎我也逐漸能夠理解，董事長的母親法師所開創的深水觀音禪寺，或許就是那個答案。

心靈殿堂——深水觀音禪寺及悟觀董事長

謝千如（華梵大學公共事務處）

隨著學務處夥伴帶領學生社團到達高雄深水觀音禪寺辦理活動，剛開始大家對禪寺宗教禮數似乎一知半解，這時禪寺師姊們提醒我們，進禪寺要先到大雄寶殿禮佛三拜。然而，進入大殿後大家似乎對於眼前的景象瞬間感到震撼，從山門的結構與材質、石材的選擇、佛像的雕刻、漆器的設計與雕工，到天花板的色彩構成，這些令人讚歎的種種作品當中，不僅體驗了建築的壯闊氣勢，也真正體會到宗教藝術之美，每個環節都是眾人的智慧結晶，令人歎為觀止，充分將建築結合了佛法的宣揚與藝術的美學精神。

莊嚴的禪寺必定有睿智慈悲的住持師父——釋悟觀董事長，當悟觀師父出現在大家面前，顯現出慈祥的笑容與中氣十足的聲音，要大家到已安排好的場地稍作休息，董事長將珍藏的好茶宴請同學們品嘗，席間有同學說董事長跟他們想像的完全不一樣，不僅在茶席間與同學們談笑風生，更不時關心同學家庭與學校問題，完全沒有大家想像的「董事長架子」，讓同學覺得非常自在，事後同學更說，能與睿智修行雙兼的悟觀董事長一起喝茶，多麼榮幸！不僅覺得佛法是那麼的親切，法師的教誨也極具人生哲理。

豐碩的一天，雖然體力耗盡了，但心靈卻有滿滿的收穫，期許自己能將董事長的開示與人生美好的經驗散播分享，更讓自己在行政的角色上妥善發揮運用、造福學子。

董事長說：「生活中運用慈悲智慧，對人懂得感恩、慈悲予人相處，對事適時放下、智慧的處理事務，『自覺』才能『覺他』。」這一趟高雄之旅，讓我在心靈上有了不同層次的體會，更期許華梵莘莘學子有此福氣，當珍惜感恩。

第二輯

樹德科技大學通識教育學院
與其他學校教師合輯

一次美好的記憶

曾宗德（樹德科技大學通識學院院長）

很慶幸具有如此福報因緣，能參加「深水觀音禪寺：曉覺禪樂，雲山古琴」感恩紀念茶會，沉浸於清新脫俗的聖會中，輔以師父善巧出塵之布置，琴棋書畫融入其中，相得益彰。

悟觀師父為感念其恩師華梵大學創辦人曉雲法師，精心規劃此會，現場由悟觀師父帶領諸位校長教授，於佛前獻香花茶三具足為始，千年古琴獻聲、洞簫、笛、巴烏、揚琴齊爭競鳴；過程尚有一驚喜，是身形單薄的悟觀師父所吟唱《高僧山居詩》，渾厚悠遠之音聲令人難忘。壓軸則是李蕭錕與黃智陽教授的聯手揮毫，玄妙組合，為茶會畫下餘味不盡的句點。

會後，拙荊說小犬（一十又一歲）幾乎全場安坐，未曾擅離，表現頗有進步，值得嘉賞。

感恩，合十。

（寫於二〇一八年十月六日）

行誼如是，憶佛深恩

張清竣老師

二〇一四年妙法如華生活營：生活禪之意境

生活禪之意境，這是來到深水觀音禪寺才拍得出來的美！我仍然在闔眼沉思之間無法忘懷！悟觀師父，謝謝您年年舉辦如此深具意義的夏令營！阿彌陀佛！

二〇一五年妙法如華生活營：生活藝術影像禪文化

今年妙法如華生活營以「影像之人文藝術精神」為主題，與會者永生難忘的禪文化生活回憶影於心！

二〇一五年深水觀音禪寺歲末祝福茶會（十二月二十六日）：無定法的童心喜悅茶席

山中的歲末，苦盡甘來的年終，人時地盡皆和諧喜悅的同沾法喜！師父的詩歌朗誦聲，琴聲、茶水聲，聲聲扣人心，談笑，感懷，遠眺，隨喜自在。

二〇一六年妙法如華生活營：如華妙法遍地開放的生活禪

慈悲喜捨為基礎，禪修的生活智慧養成，雖然是短暫的學習，必將轉化為深刻的記憶！

二〇一八年「曉覺禪樂，雲山古琴」禪茶紀念會（十月六日）

一大早跟學校老師們參加完羽球賽，儘管早起又耗盡氣力，但來到深水觀音禪寺，靜心般若的文藝氣息，宛如枯木逢春！

今天深水觀音禪寺舉辦「曉覺禪樂雲山古琴」禪茶紀念會。悟觀法師為感恩憶念曉雲導師禪寂十五週年，精心籌劃此紀念活動，延請鄭正華老師古琴，笛簫及揚琴演藝，更有精緻花藝及茶席，

感佩悟觀法師的親民及樸實，宛如李蕭錕老師筆下小沙彌的生活版，對於文化藝術的品味與堅持，她所推動的，正是禪佛之源不立文字，傳承的唯精神矣，在場每位高教工作者，應該都深刻體悟了！

動靜調柔、福慧雙修在深水觀音禪寺

顏妙容老師

二〇一四年十二月二十日

又到了深水觀音禪寺歲末感恩善法因緣「禪茶山中飲」的殊勝之日，去年此時也是這般熱鬧歡喜，今天天氣溫熱，會場除了一席席雅緻的茶具，嫻靜溫婉的茶師，更加上典雅的花藝點綴其間，配上古琴樸厚的弦音，真是人生難得的佳時盛景！

感謝住持師父悟觀法師費心的安排，諸位師父師姐的通力合作，成就這樣美好的因緣。可惜先生要趕搭飛機回澎湖，我們沒能全程參與，但心中的感動與感謝卻是滿滿不減。

二〇一五年五月一日

真是充實美好又幸福的一天！上午，周春塘教授將他畢生的學養轉化為最生活的言語，為我們安上了一雙翅膀，開啟了天眼。下午，悟觀師父在禪寺的老茶雅饌，滿足了我們口鼻的嗅味嚮往，更開啟了內觀的門窗，尋常的笑談中盡是古寺磬音的清明。晚上，李蕭錕教授的揮毫是珍貴的視覺饗宴，小沙彌讀書吹簫的禪畫活潑靈動，既是一幅畫，其實更是一個世界，一種境界。

茶香，菜香，墨香，還有滿室笑語生香。字美，畫美，人美，這般殊勝的因緣最美。感恩有緣身在其中。

二〇一七年七月二日

今天深水觀音禪寺真是熱鬧滾滾，大朋友小朋友都來了。雖說汗水像自開式水龍頭，但大家還是十分開心。一方面是我們已近一年五個月沒見到悟觀師父，終於又見到師父在人群中忙進忙出，神清氣爽，真好。一方面是李蕭錕老師和黃智陽老師聯合揮毫太精采了。

能在這個因緣殊勝的場合見到久違的智陽學長，也是難得的緣分，十分歡喜。另外，今天得到資深攝影師張鴻彬老師指點拍照的最佳角度，又是一大開心。至於幫李蕭錕老師搖扇當書僮的珍貴畫面，都在幼嫻分享的內容裏了。開心又美好的一天。

二〇一七年十二月三十一日

清晨五點醒來，不能再寐。是昨天的茶氣未消還是內心起伏的情緒未平？昨天，我在深水觀音禪寺度過了美好的一天，除了色聲香味各方面的飽滿，更因為在這裏，我意外地與我青澀的年歲再次照面。

我們幾位同事好友很榮幸受華梵大學董事長悟觀師父之邀，參加她巧心安排的華梵年終感恩餐會及雅致溫馨的茶席，不同於往年，師父今年特別邀請名詩人許悔之先生來主持茶席。用餐時我隔著一桌的距離看著這位成熟的男士，腦海中浮現的卻是一個青澀大男孩的身影，虛實的對照中，我彷彿也照見了自己三十年來的變化。

茶席進行中，許悔之為大家朗誦了許多詩作——曉雲法師的、悟觀法師的，以及他自己的詩作，在清淡雋永的茶香與悠遠渾沉的古琴聲中聆聽詩人詮釋寫作的背景及心情，真是告別與迎接的感懷時節最深重的賀禮。

我有幸奉命朗讀師父兩篇如詩一般充滿哲思的散文，便趁這個機會說起了十八歲時參加復興文藝營與悔之相識的因緣。那時他擔任我們新詩組的輔導員，想必新詩創作已經獲得一定的認可，但畢竟大家都年少青澀，匆匆數日的營隊活動，來不及有太多的交流便各自奔赴前程。後來他成為了有名的詩人，近年更進一步成為藝文界、出版界重要的人物；而我走上學院路線，少女的如詩情懷彷彿已經塵封在上古時代的歷史中。每次看到他的消息，總提醒我也曾有過文藝小少女的歲月。

經過三十二年，我們竟能在這麼莊嚴溫馨的場合中再次以詩文相會，真是一種很奇妙的因緣，很美好的緣會。雖然這麼多年我們並不曾同行，但也算是在最美好的年華裏相遇吧？看到年少時曾經因理想與志趣而相會的朋友依然堅定地走在追尋夢想與自我完成的路上，內心的感動，依然使我們這兩個進入知命之年的大人忘記年歲，如孩子般雀躍不已。

茶席的另一個高潮是兩位書法家當場揮毫，這又是悟觀師父給的另一份大禮。今年夏天，也是在師父費心安排的禪寺活動中，我見到了三十年前屏東師專的學長黃智陽教授，他當眾揮毫的風采令人印象深刻，早在學生時代，他就有很傑出的書畫表現，如今更是享譽海內外的書法大家。

師專時期我們朝夕生活在校園裏，建立了如兄弟姊妹一般的情感，時隔多年看到自家兄長嶄露才華，綻放光采，真是一件令人無比歡欣又與有榮焉的事。今日茶席中再得相見，除了聊聊近況，我還請他寫下「風清月明」四個字，因為蘇東坡在〈前赤壁賦〉中的「江上之清風與山間之明月」最是我心之所向，學長揮毫相贈，又是一份值得永久收藏的珍貴跨年大禮。

茶席結束後我匆忙趕回市區與婉茜相見。婉茜是我當年進到臺北市國小任教第一年的學生，那時的我也不過是個二十出頭的大女孩，領著一群七八歲，尚未進入文明階段的娃兒，現在都有點不敢回想啊！可是當年那個乖巧認真的小女孩記住了這個大姊姊一樣的老師，在網路搜尋我的資訊，發郵件與我聯繫，感謝網路的發達，讓我們一直保持聯繫，相約一定要見面好好聊聊。正巧她昨天專程南下看表演後要當天北返，於是我只好拚命趕場，在她進場看戲之前聊了半個多小時。如今，在我面前的是一個簡單俐落，成熟自信的大女生，但我仍記得她童年時剪個短髮，整齊清爽又聽話的模樣，只是不知道眼前的老師與她記憶中的有了多少落差？雖然只是絮絮地閒話家常，但是相見與分別時深情的擁抱，卻是跨過漫長歲月，一切盡在不言中的懷想與情意。

二〇一七年對我而言是充滿了回憶、感恩、懷舊與重逢的一年，在這告別與迎接、感恩與期許的時刻，心中的感動難以細說，就讓我為了所有生命中美好的相遇與重逢，俯首，合十。

二〇一八年三月二十日

在笑語茶香中遇見《般若與美》——我與悟觀師父的佛緣。

我想，我真的不是酣暢痛快，瀟灑活在當下的狂人，也不是援筆立就，才華洋溢的文人，許多體會總是要在事過境遷之後一次次的回眸中，靜靜的反芻出點點星星之光，折射出熱鬧經歷的當下那深心的觸動。

三月十八日深夜，當我終於可以躺上床時，早已卸甲討饒的腰腿如獲大赦的解除了一整天繁忙的任務，攤平罷工了；但是下午喝下的東方美人、有機烏龍、煙燻紅茶、深焙烏龍、雲南千年熟滷、老欉星露這幾款珍貴茗茶卻在我的胃腸心肺裏開起了嘉年華會，儘管我數了一群又一群的羊，腦袋瓜依然不肯善罷甘休，還回味著日裏豐富精采的一切，遲遲無法成眠。

這一天肯定是不可多得的黃道吉日，我連趕兩場重要的藝文活動，中場還加碼跟隨蔡文章、吳晟、向陽等幾位文壇前輩，一起頂著正午太陽到岡山之眼踏青遠眺，真是既緊湊又充實。上午的評審工作是選拔新秀佳作的神聖任務，不容輕率以對；下午的新書發表會則是一場美好的心靈饗宴，不僅有性靈的提升，也有清香茗茶、琴音古韻滌除塵勞，好一個清雅的春日午後。

新書發表會並不稀罕，但是能像悟觀師父《般若與美》發表會以布置雅緻出塵的茶席進行的大概並不多見。現場賓客雲集，因為師父貼心的設想，發表會的茶席特別安排在禪寺的三樓圓通寶殿內，大家得以更親近三大士菩薩，並且免去南臺灣驕陽的照射。在專業司茶人沖泡的清雅茶香中聆聽幾位學者專家暢談對觀師父及著作的介紹、評論，亦莊亦諧，既能發人深省又幽默風趣；論道之外，悠揚的古琴古箏音韻迴盪在莊嚴的圓通寶殿，彷彿是再一次身心的洗滌與安頓。

就我們這幾年親近師父的感受與理解，出書對她而言實在不是一件容易的事，因為師父有出家人謙虛自抑，恬淡自適的風範，在公開場合輕易不肯發表言論，她在臉書分享許多從日常行遊、一花一葉體證佛理、闡釋佛法的精闢文字及意境深遠的照片，卻不喜歡被追隨吹捧。這次能夠順利出書，真是有賴許悔之社長的才華、誠摯、專業及遊說之功，終於說動師父願意將其智慧結晶交由有鹿文化來設計出版，讓更多人透過文字與照片親近師父對於佛理的深刻思索、體會與闡發。

我接觸佛學甚早，在就讀屏東師專的時候，我的導師黃瑞枝老師看到了我對文學的嚮往，也看出了我的孤傲無知，所以鼓勵我去聆聽佛學講座，希望我的心更柔軟豐盈。我確實聽話每週末去聽佛學課，然而十七、八歲的小少女一心想要探索世界，闖蕩天涯，如何願意被茹素與持靜綑綁待飛的翅羽？我的佛緣終究沒有被開啟。前幾年，大概是因緣所繫，我在自然無所求的心態下來到禪寺，來到師父的身邊，在師父的身上看到佛學原來就在一飯一飲當中，無須外求，諦觀一念心，心在那兒佛就在那兒。是的，當初心未失，佛原來一直都在心念中。

有朋友見我多次在臉書分享與觀師父互動的經歷，問我是否學佛？是否是師父的弟子？我必須坦白說，我生性疏懶，不曾用心研讀佛經，萬萬不敢妄稱佛門弟子；而我俗心太重，俗慮過深，難以追及師父的清明與深悟，更不能妄道師承。我只是很幸運的跟上了親近師父的行伍，趁著地利之便，比一般人有更多機會來到禪寺，在莊嚴的佛殿中仰望菩薩，澄靜思慮；在涼風習習的椅條上品嘗師父珍藏的好茶與甜點，放鬆放空；更在師父的溫言笑語中笑出滿眶的淚水，然後重新整理起思維與心情，重新以熱情擁抱生活。

在公開場合的師父莊嚴、莊重又沉穩內斂，但是我們都知道，私底下的師父開朗活潑，有不失赤子之心的頑皮，更有對父母、恩師的孺慕與眷眷深情。她說茶道，說藝術，說童年往事、說留學生活、說父親過世時體嘗人情冷暖後痛徹心扉的轉念覺悟。她不僅在言語行動中示現佛法的精義，也容許我們撒嬌耍賴，要茶喝、要糖吃。亦師亦友，的確是我們精進智慧的善導之師。

我在二十歲出頭，正準備盡情揮灑人生的青春年歲突然遭逢母喪，情感上最為依賴的至親猝然而逝，所受打擊甚深，是以經常不自覺地陷入一種自憐的情緒之中，常常自問為何如此緣淺福薄？經過這麼些年，我漸漸覺悟到自己福報深厚，雖然父母親早早完成他們此生的功課，但他們所給予的豐厚之愛卻一路支持著我，在立身行事上無所遲疑。而如今，從不惑步向知命的年歲裏，我有幸能親近深水觀音禪寺，親近悟觀師父，蒙師父不棄，領著我們在喝茶品茗、吹風聽雨中認識佛法的深刻與日常。多麼希望這樣美好的山中歲月綿長恆久，日日月月，歲歲年年。合十。

二〇一八年五月三日：感恩與祝福

我們這幾個半百老男孩老女孩們仍然保有對生命與生活的高度熱情，而來到禪寺跟師父喝茶聊天就是我們增強正能量的一大法寶。雖說活在當下是我們努力以赴的生活態度，但是在大半夜敲定一個聚會，也讓我不禁佩服起我們自己來了呢！

過兩天的週末是師父的壽辰，偏偏我們幾個都有教學任務在身，只能提早為師父暖壽。其實最近師父校務繁忙，身體微恙，大半夜才從北部華梵大學回到禪寺，本該好好休息，但她疼愛我們，不忍掃我們的興，還是為我們安排了好吃的午餐，珍藏的老茶及甜點，我們也就一點不客氣的跟她鬧了大半天，喝夠了茶，吹足了風才開心回家。

匆忙間只為師父準備了一個小蛋糕，但是大家興致高昂，師父很開心，領著我們一起唱南無無量壽佛，這是我第一次唱這麼莊嚴的生日歌，既新鮮又感動，師父雖然感冒咳嗽，但聲音宏亮悠長，幼嫻和我有幸陪著師父一起切蛋糕，心裏真有說不出的幸福。

在清涼的山風吹拂下，夏日的燠熱暑氣瞬間消散，在這一方天地之間，只有歡聲笑語，真心摯情，還有，無盡的感恩和祝福。

二〇一八年十月六日：觀音禪寺「曉覺禪樂，雲山古琴」茶會

一般佛寺除了啟發善念，淨化人心，作為安定社會的重要力量之外，是否還可以發揮更大的作用，扮演更多元的角色？

昨日深水觀音禪寺充滿了樂音、茶香、佛讚、朗誦與書畫揮毫的禪趣及美感饗宴，悟觀法師為紀念其恩師華梵大學創辦人曉雲法師禪寂十五周年，精心規劃了「曉

覺禪樂，雲山古琴」紀念音樂會，現場除了高雅出塵的花藝與茶席，更有悟觀法師親自以渾厚悠遠的聲音朗誦〈高僧山居詩〉，還邀來多才多藝的古琴大家鄭正華老師，以演奏與教學並進的方式，讓我們認識了歷史悠久的古琴，並搭配譚卉老師，以古琴、洞簫、笛、巴烏、揚琴輪番上陣，時而清遠空明，時而激越昂揚，時而深情款款，時而活潑靈動，隨著樂音，我的心彷彿也來到了美麗的雲南，掙脫了桎梏，自在的呼吸與遊走。

壓軸大戲是李蕭錕教授與黃智陽教授兩位書畫大家的聯手揮毫，他們兩位以深厚的國學涵養及精湛的書畫功力，配合幽默機趣的互動，現場為大家演示了「禪即生活，生活即禪」的微言大義，為今天的茶會畫下了美麗的句點，也留下了無盡的餘韻。

悟觀法師作為佛學思想的踐行者與傳承者，她始終貫徹並實踐曉雲法師的「覺之教育」，不論是在華梵大學或深水觀音禪寺，她總是盡心打造一個具現美感的環境，以言教、身教及境教多方面落實教育的理想。而今日這場盛會，更可以看出法師結合佛學、文學、藝術，將「覺之教育」推而廣之的心念，以出家的智慧行入世的志業，具現了引領社會風氣、推動美感與道德教育的意義。有幸參與今天這殊勝的活動，目之所見，耳之所聞，鼻之所嗅，口之所嘗，無一不是集眾人之力所成。衷心感謝悟觀法師的慧心，感謝禪寺眾師父及師姊們的辛勞，也感謝所有護持今日活動成功圓滿的人間菩薩。

所有的美好皆有因緣。感恩，合十。

二〇一九年一月十二日：動靜調柔、福慧雙修在深水觀音禪寺

真個流年暗中偷換！上一次大夥兒在禪寺裏吃尾牙，擺茶席、朗誦詩歌、寫春聯的畫面還如此鮮明，彷彿才是不久前的事，怎知一轉眼又到了大家回禪寺送舊迎新的時節。

禪寺的尾牙宴可不只有口腹上的犒賞，每次的聚會都可見到師父想要透過生活日常傳遞給我們的思維修練。今天的主題是「動靜調柔」，不過我們不知道師父安排

活動的深意，自動略過了熱鬧動態的摸彩節目，幾個人悠閒坐在大殿的另一側吹風閒聊，雖然錯失抽得獎項的樂趣，但是在這好山好水好風中隨處一坐，也自有另一種怡然與舒適。

飯後的禪茶不同於以往一席一茶師的布局，放眼望去，或座椅，或蒲團，整個空間是完整的一體。而今天除了品茶，還有古琴、頌缽及薰香，當眾人坐定，所有的雜沓都沉澱下來。閉目靜坐，繞行於空間中一聲聲悠緩輕微的頌缽聲帶領大家進入寧靜之境，方才抽中大獎的歡樂也好，美食留香的回味也罷，在這一方天地中都漸漸地停息。在那似有若無的音聲中，緊繃的身體放鬆了，跑馬般的思維緩和了，澄思淨慮，慢慢的呼吸到空氣中淡淡的薰香，接著是茶香，以及樸厚如細水一路流瀉的古琴，還有那迴廊盡處時不時傳來的與山風唱和的風鈴聲。

就這麼靜靜地，溫厚的大紅袍和老普洱穿過齒頰溫潤了喉頭，一縷縷師父的越南芽莊的沉香洗滌了久被空汙蒙蔽的鼻息，悠揚的琴音及頌缽聲撫平了堅硬的耳背，梳理了紛亂的神經，此時此刻，眼耳鼻舌身意全在這一方寧靜中找到了最安適的姿態與所在，感恩禪寺開山祖師、感恩師父、感恩曉雲導師。

平日沒有盤腿久坐的我，一個半小時的靜心調息需要幾次變換姿勢，舒展雙腿，然而有始有終的靜坐於一個蒲團之上，凝神注視著琴師的雙手在琴弦上流動，品味著茶師與薰香師優雅營造的這一室馨香，的確讓我有了諦觀自心的片刻清明。

靜的修練之後，便是今天活動的壓軸大戲——揮毫寫春聯。去年我請學長黃智陽教授寫的是「風清月明」，勉勵自己不論處在何種境地，都能有自己的靜定與自在，如山間之明月，如江上之清風；今年，我又請得學長之墨寶「福慧雙修」，這同樣也是對自我的期許，更是對大家的祝福。在這個感恩與祝福的時刻，願大家都在佛菩薩的慈悲中時時精進，福慧雙修。合十。

二〇一九年三月二十三日：以此筆墨法供養——許悔之手墨展

週末佳日，在沾衣欲濕的微雨中，深水觀音禪寺住持悟觀法師領著我們及華梵大學一級主管一群人來到佛光山佛光緣美術館，參加「以此筆墨法供養——許悔之手墨展」的開幕典禮。佛光山的靈秀出塵搭配詩人的慧心洞見，成就了殊勝的藝文盛宴，令人讚歎。

我與許悔之相識在青蔥的歲月，年少時期的他就已敏銳善感，詩才洋溢。行過半生，他除了活躍於寫作、編輯、出版的舞臺，更以他的生命歷程見證佛法的慈悲，以書畫分享佛理的智慧。不論是以筆墨造境或是抄經供養，都是無量功德，其中的深意及感動非我的拙筆所能形容，值得喜愛佛學，文學與藝術的朋友們親自來品味與感受這深心的觸動。

二〇一九年三月二十六日：深水山中閑坐

山中閑坐，品一壺白茶的清香，嘗一碗糰湯的溫暖。

山中閑坐，聽無邪的牙牙之語，看純真的燦笑童顏。

山中閑坐，聽銅鈴的幽遠清響，聽群蛙參差的低音合鳴。
山中閑坐，可以品三國，可以說紅樓。可以笑人事，可以歎滄桑。
身閑因而心靜，語淡故而意深。
山中閑坐，看夕陽緩緩落下，在靜寂與塵囂間拉出了一道美麗的金邊。

二〇一九年五月五日：感恩與祝福

忘了從哪一年開始，五月五日成為一個放在心上的日子，如同母親節一樣，代表著團聚和感恩。這些年，我們這些異姓兄弟姊妹在這一天回到禪寺，陪著師父歡聚笑鬧，領受佛菩薩的慈悲與愛。

今年的這一天正逢星期日，師父細心為大家準備了豐盛的素筵、蛋糕和伴手禮，還現場吟唱憨山老人及石屋清珙禪師的詩歌，「月在青天影在波」的深情餘韻不盡。李蕭錕老師獻上書法對聯「汲來江水烹新茶，買盡青山作畫屏」，更添法喜。接著大家齊聲高唱無量壽佛歌，真是身心靈都豐收滿滿的好時光。

以為這樣就大功告成了嗎？那可不！口腹飽滿之後，精采節目才正要開始呢！我們一群人移駕到風廊下，開始了飲茶趴，珍稀的數十年老普洱、龍珠、日本抹茶輪番上陣，再配上李蕭老師和幸長學長隔著長桌的「答喙鼓」，美好時光就在歡聲笑語中快速流逝了。

回程我們送李蕭老師去搭乘高鐵，沿路繼續閒話家常，看到老師恢復健康，更添精神，十分歡喜。

回到家，崔先生跟我說，你們這些大學教授怎麼坐下來就不知道要走？打擾這麼久，讓師父不得休息！哎，這位先生就是太少參與我們的活動了，不知箇中奧妙，其實我們在這裏胡鬧，師父可開心了呢！我們的開心，就是對師父最好的祝福呀！

不過，我們喝得杯盤狼藉，一桌子大大小小的杯子，師父和師姊們辛苦了！

二〇一九年六月十一日：山中雨夜

大雨方歇的黃昏，我們幾個提著劉媽媽準備的初心茶點回到禪寺，大桌上已擺放了迎客的夜合花，飽滿潔白，靜靜的綻放幽香。大雨刷洗過的一園綠色如此清新，點點露珠更添生氣。群蛙大合唱裏有水氣飽足的酣暢，天地共享暑熱散去的舒爽。

弟弟聽聞我們來了，歡快的飛奔而來，非常貼心的一一點名姊姊和哥哥，我們幾個老姊姊老哥哥也厚顏的應答。才說了聲唱歌，弟弟又飛快的飛奔進入屋內，搬出了一大包的玩具，一大疊的童書及點唱機，我們又開心的跟著他搖頭晃腦唱起了〈虹彩妹妹〉，十足的哥哥姊姊模樣，真是一個開心果，讓大家瞬間重拾童心！

師父和我們分享即將付梓的新書《法華經者的話》封面題字與插畫，是請李蕭錕老師書畫的十分的雅緻，幾幅蓮花詮釋了妙法蓮華的幾層意義，充滿了禪意與禪趣，非常值得期待呦！

清涼的山中之夜，有溫潤的人情笑語，有美味的乾麵，湯圓及薏仁，還有清心的好茶與甜點，談詩品畫論世，不知夜色已深。還沒有道別，我們已經開始傷神，下次要帶什麼甜點來配師父的陳年好茶？

二〇一九年六月二十六日 期末歡聚深水觀音禪寺的感恩

每一個純真的微笑都是呼喚，呼喚靈魂深處迷途的赤子；

每一次真切的對望都是回顧，回顧累世累劫的善美因緣；

每一回歡樂的歌唱都是紀念，紀念此生此世的美好相逢；

每一次的頂禮膜拜都是祝福，祝福有情眾生佛緣無限，慧命無窮。

二〇一九年十一月十日：因為自覺，方能自在——我在深水觀音禪寺

陽光明媚、暑氣已消的星期天，悟觀師父以渾厚悠長的梵音引領大家走進一個認識佛法、親近佛菩薩，並且與自我內心照面的世界。在一室茶香中，我們從「覺之教育」的省思，一路跟著師父一探《法華經者的話》思維內涵，在師父的文字、言說與諸位教育先進的闡述中，進行了一次與自我內在生命深刻的對話。

「諦觀一念心」是師父在《般若與美》一書的扉頁給我的題字，我經常誦念著這句話而陷入沉思，魯鈍如我，對於佛法的理解有限，卻也在一次次的沉思默想中，體會到我們的生命樣貌，無非是此心此念所致。也許智慧與福分無需遠求，全在時時靜觀自覺，覺察心念的起滅與變化，才能從「有」的執著中超脫而出，體悟不生不滅、不垢不淨、不增不減的諸法空相。

照見五蘊皆空的境界太高，覺知覺察的工夫卻可在生活中實踐。平凡如我輩者，閱讀師父《般若與美》自可在生活中感受一朵花的美麗、一棵樹的雄偉、覺知陽光灑落大地的慈悲、雨水潤澤萬物的恩情。同時我們也應該肯定自心的良善，同時覺察貪嗔癡慢的流動，在覺察中與自己對話，在對話中找到依止，因有所依而生靜定，在靜定中感到生命的安適與自在。

想著師父在十九歲那一年初見曉雲法師，便立下了「我要跟她一樣」的宏願，一生堅定的作為佛子，並且承擔起以藝術與教育弘揚佛法的重任，成為智慧慈悲的大丈夫。此等境界非我等所能至，只有衷心嚮往與讚歎，然後在生活中慢慢的靜觀覺察，念誦省思。

有一種美好，你身在其中，欣喜領受，讚歎之餘卻對其中的奧妙與深意無從言說。「不識廬山真面目，只緣身在此山中」於東坡是一種了悟，是一種境界，於我，卻只是才疏詞窮的藉口了。

一掃迷山霧海之後

曾議漢老師

二〇一三年八月五日

和圓權師父在深水觀音禪寺的妙法如華生活營，最感動於師父早晚的梵唄唱誦，渾厚無畏的佛號領誦！現在日子從七月十日去了深水觀音禪寺開始決定吃素。

從深水觀音禪寺生活營回來，吃素二十六天了，生活更輕簡了！減去了與地球上複雜食物纏鬥的耗能，也算是一種節約能源！

二〇一三年八月十七日

茹素至今已四十九天了，已經快忘記自己吃素，我發現簡單的素菜，也有美妙的香甜滋味，再搭配肚子餓的話，就更加可口了。聽說味蕾的記憶只有三週，所以過了七週，看到兒子在吃脆皮雞排，不禁覺得：那是外星人的美食嗎？

二〇一三年十月三十日

當流行風從動畫《天外奇蹟》的小羅，吹向動物園的小貓字圓仔，也輕拂海平面，浮現出黃色小鴨，我突然發現我對於茶具的審美，也走向圓圓、胖胖的！

這次泡的普洱茶是深水觀音禪寺賢師父精心的「金巧克」包裝，若是小孩子真的會誤會成巧克力，看了就生歡喜心！

二〇一四年四月二十二日

映照夕陽，笑容燦爛的李幸長教授！

這天我在深水觀音禪寺「普陀山國清教育基金會：國清書院」人文月會專題講座，聆聽高雄師大校長蔡培村教授演講禪宗十牛圖新詮釋。

二〇一四年三月三日

赴深水觀音禪寺參與李蕭錕老師「文字學與書畫文創」課程，老師上課提到，要點筆記如下：

一、親炙：曉雲法師慈悲教化，身心靈都受到影響，懂得自己內在還有一個慧命。

二、法不孤起，不要不相信因果。

三、結善緣，不必攀援，最重要在如何安頓己的心。

四、佛教藝術能夠安頓身心靈，圓滿自己，圓滿別人。

五、象形字最能呈現中國人的創意，to see is to believe，看到與理解沒有時間差。拼音文字很難當下直接做連結，而象形字把整個宇宙連結在一起，人跟宇宙都密切在一起，象形字也具有哲學的高度及深刻的人文關懷。中國人透過漢字，活了幾千年，仍活潑潑，充滿創意。

六、沒有創意，只能依著規則走。

七、中國書法，重視其當下性，點線面有其精神性。任何一筆就是完整的生命呈現，當下即是。

八、專注狀態就心無雜念，細胞就正面專注在一點，就是禪定工夫，能定，倒車入庫很快。

二〇一四年四月十二日

春風中，一團和樂，和樹德書院生來到深水觀音禪寺的「普陀山國清教育基金會：國清書院」人文月會專題講座，聆聽第三月教育部司長傅木龍博士的演講——正向轉念創造生機，每位同學都充滿了正向的能量！

莫曾婷同學說這兩小時課程，讓她的內心獲得一種澄靜，充滿歡喜，想每週都來禪寺，這番話也道出了我的感受，同時惋惜錯失了前一次吳連賞博士的講座。

二〇一四年四月二十一日

在燕巢深水觀音禪寺，茶席進行中，一期一會，坐在兩位師父中間，常保作弟子的心情，情往似贈、興來如答，機發自然，流動著鐵觀音與有機烏龍的唱和！

二〇一四年五月五日

今天參與深水觀音禪寺國清教育基金會「文字學與書畫文創」第三次上課，每位學員無不開心上課，中午舉辦母親節茶會，一同切蛋糕慶祝！在清風、鳥鳴、鐘聲、泉聲中，享受無盡清涼意。

悟觀師父為我們沏老茶，滿座高朋，一團和樂。溫潤在喉，生歡喜心，回甘在心，萬物靜觀皆自得也。恭祝悟觀師父生日快樂！

二〇一四年五月二十七日

Dear 仁班書院生及各位親朋好朋友：

歡迎你們來關心參加

二〇一四深水觀音禪寺暑期「妙法如華生活營」

時間七月二至六日，合計五天四夜

地點：深水觀音禪寺

課程豐富，食宿全免

課程如下：

第一天：報到。下午後山植樹。晚上觀星。

第二天：悟觀師父山中話家常。王惠亮博士有機農業。臺北木偶劇團表演。

第三天：曾議漢老師靜心寫經。縱浪獨往的藝術家——秋草道人VS.魯道人。電影欣賞與分組討論。

第四天：園遊會。周春塘教授主題演講。李蕭錕教授文字學與書畫文創。

第五天：學員圖文創作發表。下午茶會——禪茶山中飲。

學業優良者，發給獎助學金兩萬元，共八名。

另有多項作品比賽優良獎金，報名表及功課表請參見附件。

名額有限，請盡速向曾議漢老師、張清竣老師報名。

二〇一四年五月三十日

與樹德大學學務長顏世慧教授、通識教育學院院長曾宗德教授、學務處李永義教官一起到深水觀音禪寺，感恩住持悟觀師父護持樹德科技大學辦學。

悟觀師父請我們品茶，是今年剛烘焙好的包種茶。禪寺涼風吹拂，茶清且青，隨機談話間，更深刻了解學校老師、教官對學生的用心付出與關懷。永義教官談到週末假日幫忙父親耕種的辛苦經驗；宗德院長分享兒子讀經幼稚園的教育；我也借此機會當面感謝顏學務長把兒童與家庭服務學系的成功經驗，串連到全校園的各種學生活動。

悟觀師父談到第一次為期三週的閉關經過，讓我們體會到師父念念分明、誠心對待的懇切。在自然之中，大家都清心，卻也很感動！

二〇一四年七月七日

在深水觀音禪寺「妙法如華生活營」生活了五天，內心感到圓滿知足！每天早上五點鐘自然醒來，在大殿前行走呼吸，早課是誦大悲咒、心經，參與八段錦、經行等活潑的課程、感動人的分享，在酷熱的夏天能有助排汗、排毒，感受一身輕。

感謝悟觀師父、輔導老師及所有學員，共此明月清風蛙鳴龜叫，帶著滿滿的感恩知足，乘風歸去！

二〇一四年七月十三日

今年深水觀音禪寺「妙法如華生活營」最精采的一課非「山中話家常」莫屬，悟觀師父吟唱李商隱的〈無題〉，當她唱到「春蠶到死絲方盡，蠟炬成灰淚始乾」一剎那間，打動了所有學員的心。

二〇一四年九月二日

昨天下午在深水觀音禪寺，與悟觀師父了解關於北上參加華梵大學曉雲導師禪寂十周年紀念學術研討會活動計劃，很法喜地喝到悟觀師父沖泡的咖啡，禪寺的清風徐徐，咖啡鮮醇渾厚有勁，且微酸餘味無窮，和夕陽霞光變化，一樣靜定感人！

今天中午與友人到三地門取回山泉返家，即刻以山泉煮沸至魚眼滾轉，沖泡師父贈與的靜岡煎茶，茶湯入喉，感嘆已經多年沒喝到真正的靜岡茶了！茶味如茶湯清涼翠綠，立刻到了清涼淨地，一洗高雄夏秋之際的燠熱。

二〇一四年九月十二日

程兆熊說：「現代人看重石油作為能源的價值，遠遠超過人的生命價值！」

曉雲導師在民國六十四年七月九日的雲門講座（在香港已有二十年歷史）中，首次以「園林思想」為題，第一次舉辦研討座談會，邀請了著名學者程兆熊教授、彭振球教授、田博元教授、吳耀玉教授、程明錚教授暨雲門學員，參與盛會，猶如當年之蘭亭雅集，而意境更加悠遠且高瞻遠矚。由講座主題「園林思想」引發，在蓮花學佛園開設了「園林思想」及「園林文學」等課程，由於主題鮮明，曉雲法師與多位學者都提出了對現今人類文化發展的擔憂。講座邀請程兆熊教授主講：「由園林說到園林文學」，程教授從人類存在的危機談起。

程兆熊教授說：「人類目前存在的第一個危機，那就是『生命的萎縮』。一隻動物砍掉牠一條腿，牠還可以活下去；一根竹子砍掉枝莖，它仍然能在生長，因為它尚有生機，若生機萎縮了，就不能再生。目前世界無論如何，人類的生命是萎縮的。人類關心到的問題，是石油能源缺乏。」

程教授觀察到人類存在最大的危機之一，是人類價值觀的轉變，人類太過於看中物質、能源的重要，遠遠超過「生命」、「心靈」與人的「性情」與智慧。程兆熊教授說：「世界上最大的能源是人的『生命』，但大多數人都認為石油才是最大能源，反而看不見生命的重要性。」

以上是第一層面。第二層更大的能源是「心靈」，程兆熊教授說：「除此還有比生命更大的能源是『心靈』，現在人都是心靈開不出花果來，而變成心靈的窒息。」程教授語重心長地建議，想要生命不萎縮，就得「安頓生命」，「我們若能把世界擴大，並把地球變成花園，生命就必可以有安頓，如佛家說：一花一世界，一頁一如來。」

「要心靈不窒息，就要有心靈的覺醒。」這是第二層面。

第三層面提到：「人的性情，也是大能源，現代人的性情已將梏亡，人已成了非人化」。第四層面則是：「人們最大的能源，更是人的智慧。人的智慧可把一切改變，力量無限」。

根據程兆熊教授的研究認為：現在醫學界研究人的身體和智慧，比十八世紀以前已較衰退，這真是人類目前的大危機、大問題。

而如何引領人們達到「心靈的覺醒」，程兆熊教授特別引用石頭希遷禪師的開示：「自生至死，只是這個回頭轉腦，更莫別求。」

程兆熊先生解釋道：

我們知道自古自今，只有兩個世界：一是回頭的世界，一是不回頭的世界。回頭的世界，有生命的安頓、有心靈的覺醒、有人性的復活、有智慧的潤澤；不回頭的世界，是生命萎縮、心靈窒息、性情梏亡、智慧衰退。在此亦可清楚看出，園林文學是回頭的文學。此外，哲學也要有回頭的哲學，宗教亦復如是。如爬山時一步步向上爬，但一回頭，境界便即不同。我們在都市裏不耐煩，但在山中稍一回頭，境界又不一樣了。不管佛教、儒家、耶穌，都說到「回頭」的問題。所謂回頭是岸、回頭是復，復見其天地之心。在文學上如陶淵明之「採菊東籬下，悠然見南山」，也是回頭。現在的文學，也只要一回到園林中，便可復見其天地之心，由是易簡而天下之理得矣！

二〇一四年九月二十九日

昨天在深水觀音禪寺度過一次難以忘懷的教師節，課後，悟觀師父隨機開示，《心經》有極強大攝受力，學員滿堂歡喜，尤其最後的「能除一切苦真實不虛」給人很大的安定感！

我心裏想：是啊，尤其是面對八尺、二十尺寬的大氣勢篆書心經，前面排山倒海而來的不、空、無，將如何在一掃迷山霧海之後，重獲新生沉穩的力量！

二〇一四年十月五日

受華梵大學董事長邀約，參加紀念曉雲法師圓寂十周年論文發表。會後，中午悟觀師父安排大家在食養山房喝茶、吃簡餐。師父慧心，想到我們回到高雄一定很晚了。和深水觀音禪寺宏學師父、師姊、李蕭錕老師一行人在汐止的食養山房清新喝茶、吃簡單晚餐，受到主人炳輝先生熱情招呼。

二〇一四年十月二十二日

下午，和樹德科大黃文樹教授、顏妙容教授、劉幼嫻教授，還有校友安佑，到深水觀音禪寺，討論禪寺協辦南部縣市中小學教師藝術教育研習營事宜。悟觀師父請我們喝茶，很特別的茶席，有柴燒的大口茶盅，以及燒得金亮的茶杓，在座每位輪流練習當茶師傅舀茶，不亦樂乎！

二〇一四年十二月三日

今天我們一行十幾人，來去燕巢深水觀音禪寺學靜坐。習靜前先享受悟觀師父招待的茶席，品味午後的白毫烏龍，無比清甜，同時映出泉水的甘美，完全不見東方美人常帶的澀味。

第二品是悟觀師父珍藏的普洱老茶，茶湯入藥，眾茶客輕鬆中自然凝神了。

接著由師父指導靜坐，並帶著大家唱誦無量壽佛心咒、六字大明咒，一波一波能量聲波化為熱能，加上盤腿，使得全身暖化冒汗，是老茶藥石入神，引人感受觀世音菩薩圓通寶殿的莊嚴時空！

回到學校研究室，磨墨竟忘記如何寫字了！僅是數筆塗鴉，日日是好日，是為記。

二〇一四年十二月二十二日

到高雄燕巢深水觀音禪寺參與「禪茶山中飲」開場，眾茶雅士屏氣凝神諦聽，幽玄古琴，清音渺渺。茶未飲，已神往遠遊太虛之境！

二〇一五年一月十六日

昨天中午打開深水觀音禪寺「圓通寶殿」禮佛之鹿鳴有機茶，沖泡三次，清甜回甘。茶海倒完茶後，亦存醇甘茶香；茶湯入喉卻不刺激，淡然溫潤。

手沖了一壺帶來學校分享給清竣老師及妙容老師，妙容老師說：「一打開就聞到茶的清香！」後來我忙算期末成績，不料茶湯擺久了，吸收保溫壺中留存的咖啡苦澀味，只好把剩茶捨去。

今早五點就神清氣爽，全無睡意，收拾行囊，往觀音山摸黑爬山。一開始緩步慢行，恍如太空漫步，緩緩提腳升高，全然享受呼吸與著地的緩慢韻律！沿途山友招呼，點綴這步行的節奏。

六點三十分，天色漸亮，天亦有覺，天就醒了。

二〇一五年七月十三日

深水觀音禪寺二〇一五妙法如華生活營

柔軟精進

陳雯老師古琴課

李白〈關山月〉

明月出天山，蒼茫雲海間。
長風幾萬里，吹度玉門關。
漢下白登道，胡窺青海灣。
由來征戰地，不見有人還。
戍客望邊色，思歸多苦顏。
高樓當此夜，嘆息未應閒。

二〇一五年十二月四日

上週六清晨五點多，天未亮就出發前往深水觀音禪寺，心情和大學生參加班遊一樣興奮。六點集合上路，車行至橫跨高屏溪的斜張橋，天地頓時開闊，第一道曙光在北大武山頭隱現，還來不及等待，雲霞與山嶺一起奔馳來到長治、北大武山腳下，與清竣老師、幼嫻老師、妙容老師、委員長、崔醫師會合。

很感謝清竣老師分享他的私房景點：牡丹鄉的哭泣湖（原義是水流匯集之地）、原住民野菜風味餐和旭海太平洋海岸海潮音。這一趟旅程，除了飽覽山林清氣美景，更因為悟觀師父在林木山光錯落有致的山林茶席，忽覺清幽宜人，倦意全忘，坐待旅遊客熱鬧匆忙離去，才收拾茶具，前往野菜餐廳。餐桌上十幾道鮮綠的蔬食料理，可見山林原住民待客之豐厚樸實。

下午山路車行，昏昏欲睡之際，就到了旭海太平洋海岸，原來我們離一望無際的太平洋這麼近，在浪濤聲中，原來我們離橫無際涯的宇宙這麼近！感恩有這一趟深水觀音禪寺的歲末旅行。

二〇一五年十二月二十七日

參加高雄燕巢深水觀音禪寺「禪茶山中飲」，這是一場有古琴現場演奏的茶會，值得從臺北搭高鐵前往參加、綜合花道、古琴、茶道、書法的禪藝術身心靈美感體驗！

很感謝悟觀師父慈悲禪風，一面品嘗古樸的白茶、三十年下關生餅沱茶、鐵觀音，一面欣賞李蕭錕老師充滿童趣的小沙彌揮毫，茶客、茶師皆大歡喜。李幸長老師吟唱憨山禪師的禪詩，幼嫻老師、李金鳶學務長朗讀悟觀法師的詩歌，妙容老師即興獻唱，溫厚醇音。無不感人至深，令人心神舒暢！

我得到了「需要學習感恩的心」作為歲末祝福。

二〇一六年三月十七日

近日得妙因緣，與通識教育學院曾宗德院長及同事到深水觀音禪寺，喝到日夜夢想、一九六五年產的生餅沱茶！

多次參加觀音禪寺禪茶山中飲的禪茶薰修，一旦豁然而貫通焉，發現普洱神茶樹竟有如此神奇洗滌身心的療浴效果，驚歎地球上竟然還生長著陸羽所稱頌的老茶大樹！

二〇一六年三月二十七日

一早從深水觀音禪寺出發，穿越三號高速公路車潮，轉入阿里山公路，開始了師父精心安排的阿里山仙境禪茶美食之旅。

大約十點多到達仙井雲霧縹渺的露臺，緩緩步入迎賓茶席，不禁感嘆：好個優雅天地！安置旅行小包及相機，即景拍照；品嘗野菜蔬食「食來運轉」。轉眼間張師姊已經泡好阿里山熱茶，聞香而來，幾杯入喉，整個人彷彿與阿里山風景山水融為一體了。悟觀師父提醒我們，山泉水質滑嫩沁人，不忘切膚體驗山泉冷洌。

茶席食桌由山石砌成，挑高山壁凌空聳立，自成不凡氣勢。而百岳悠然隱沒雲海霧氣間，無暇詢問。現作山間食材，果泥酵素入口，野蔬生鮮滿桌，痲辣燙鍋是品美味，山葵助興，如何消受？人蔘補氣，清歡滋長！

不覺過飽須漫步，山間小徑傳來伯伽利歌聲真能醉人，是生命之歡唱，深情邀請，令人翩翩起舞，已經不知蜜香紅茶的濃情密意了！

二〇一六年六月二十八日

在高雄燕巢深水觀音禪寺，悟觀法師手植的沉香木十多年了，已經三樓高了，結果纍纍，鮮綠極了！

二〇一六年七月十一日

「人莫不飲食，鮮能知味！」

深水觀音禪寺二〇一六年妙法如華生活營，最後一課「禪茶山中飲」在古琴師洪若虛的琴音中開展，浸淫在悠揚的休止符，品味茶師精心準備的茶與茶食，學員們正在體驗著悟觀師父的禪風美學。

悟觀師父吟唱著曉雲導師的禪詩、宣講《法華經》的開經偈，使人內心歡欣，如沐春風！再聽聽琴音，此中有真意，欲辯已忘言，知音、知味，正是開發心覺的竅門，是教化，教育的藝術化！

二〇一七年七月十五日

七月二日參加深水觀音禪寺暑期生活營，回到禪寺心情很是開心，遂以

OLYMPUS PEN E-PL1，單眼相機拍攝黑白照片，黑白對比之下，人的神情特別活潑、深刻生動，風采中更顯美麗，談笑間更自然有神韻。

二〇一八年三月一日：師父的般若與美

我們最敬愛的師父悟觀法師出版新書，書中充滿學佛的智慧法喜。

每一幀照片，一探靜中消息；
隻字片語，總是詩情；
尋常話語，富饒哲思；
篇篇詩箋，觸處見幾；
師父健筆，文思泉湧，韻致自天成；
鏡中化境，妙法如華，花香三千界。
弟子議漢，誠心推薦。

二〇一八年三月十八日

悟觀法師《般若與美》在深水觀音禪寺圓通寶殿舉行的新書發表茶會，上週日三月十八日樹德書院本學期第一次校外教學，正好恭逢其盛。

悟觀師父非常關心年輕人、大學生，特別在新書茶會前和書院生「坐談」，真正坐下來好好、開心地談話，這真是百忙中真性情歡喜的與年輕人「促膝談心」。悟觀師父和年輕人談話似乎特別開心，師父談到年輕人的神情就像花朵的初綻放，是那麼樣的鮮活，也希望年輕人好好把握！

另外，前幾屆生活營的學長姊也特別錄影勉勵學弟妹，並祝福師父新書的誕生圓滿成功。我心裏想，能在大學時期就接觸、聽聞佛法，親近禪寺，是幸福的！

二〇一八年七月二十六日

前幾天，網路幾次傳來我最敬愛的老師——周春塘院長在英國倫敦仙逝的消息，心情跌到谷底，不願意相信此一噩耗。老師五月十三日才寫信給我，隔日將離開臺北，當時語帶玄機，希望下回能多聚話家常。

每次得到老師信箋，總是如獲至寶，細讀再三，如沐春風，感染老師充滿經綸詩情的話語。

回想二十多年前，老師從美國退休回到臺灣，在曉雲導師創辦的華梵大學任教，擔任東研所所長及文學院院長，我常常去旁聽老師的文學課，老師總是豁達微笑，滿腹經綸，彷彿人間沒煩惱，傳達古人的智慧。我更好奇的是，老師對於西方文化哲學的深度理解，常常言人之所未曾聞，而老師已經以平常話語言說。我也向老師透露，希望能多聆聽老師的身教、言教，老師也多次來高雄深水觀音禪寺演講。老師與師父的互動有著深深義，很像英國紳士，又像是活潑潑的孔子。

後來，老師應淨空大法師的邀請，到英國籌辦漢學研究中心，老師這幾年雖有規律地運動健身，但我總是為老師的身體健康擔心。

老師為佛教為東方文化的盡心盡力，是最完美的典型。雖然暑假裏我還有行政教學，我讓自己忙碌，但是，卻無法控制眼眶中的眼淚，想念著總是樂觀的周春塘老師。

二〇一八年八月九日

在燕巢深水觀音禪寺邂逅施繼堯藝術家所製作的「志野茶碗」，內心滿是驚豔。師父收藏的、這洋溢青春活力的茶碗，古老卻年輕，這種深邃的湛藍，一下子，喚醒了內心自在的狂野，有喜悅的歡欣。

山林的清氣，瀰漫在悠遠的山水之間，溫潤如玉的藍天白雲，沁染鋪陳一片清涼，不沾塵的力道，奔湧而出。

冰裂的雲山，流動的楚風吹拂，磅礴的釉滴，碗底片藍的晴天霹靂，益增沉穩。

二〇一八年十月七日

昨天在深水觀音禪寺「曉覺禪樂雲山古琴茶會」，欣賞鄭正華老師演奏九百多年的南宋古琴，古音古韵發思古之幽情！

野生的東方美人茶出奇的甘甜，厚底的凍頂烏龍茶，喉韻醇圓香，整個人煥然一新了！

二〇一八年十二月二十八日

心裏總是期待著，歲末年終回到深水觀音禪寺，是二〇一八年最歡樂的一天。這如來之家飽滿清新氣象，使人心靈舒坦、自在深呼吸，閒話家常性情悠然。

原來師父七十五年的黃印普洱，是韻味濃厚的藥引，開啟這心神的滋補；而東方梅茶發現水之鮮蜜。暖冬的夕陽斜照，回程車程中，我高唱貝多芬的〈歡樂頌〉！

二〇一九年一月十二日

每次回到深水觀音禪寺，呼吸清新空氣，都像是第一次新鮮。原先以為是，禪寺的歲末感恩餐會，可以看到華梵的老朋友，有朋自遠方來，心情總是特別歡喜。

餐後，古琴、香道、茶會，更是花香人團圓。端身打坐，淨心品香，老茶潤喉韻心，陣陣圓缽，缽聲音平，心寧神和，妙香莊嚴。真是一年中，最豐美的心靈饗宴！

二〇一九年四月十二日

以禪風岩泥大茶碗，泡小白銀針白茶，幽淡清香，彷彿隱藏著龍眼花香，杯底香亦沁人心神，感謝悟觀師父茶席分享，亦有外帶，老師同仁有口福！

邊泡茶，邊欣賞音樂，黑膠唱盤播放著孔德拉辛指揮的貝多芬〈英雄交響曲〉，啜飲之際，禮敬一下，交響樂悠揚的弦樂琴聲，滋味深長，茶淡意遠，亦藉貝多芬音樂來吟詠之！頓覺天寬地闊，茶滋味，竟使歲月綿延！

深水觀音禪寺的「歡迎光臨」

劉幼嫻老師

二〇一四年四月三十日：深水觀音禪寺茶席

師父為了迎接難得來高雄的周春塘老師及師母，特地隆重擺置了一桌香光莊嚴的華嚴世界，我們有福，也能參與盛事。

這個下午喝了《紅樓夢》裏大戶人家常喝的「老六安茶」，也品嘗到比我年紀還大的野生大樹種老普洱，還聞到淡雅渾厚的沉木香，真是太幸福了。另外，我們也在席間聽到「慧眼獨具」的由來，了解何謂「自投羅網」，還看了觀師父分享一只會聽到「心音」的珍貴茶壺，是一場眼耳鼻舌身意皆飽滿俱足的豐富饗宴。

下午愉快溫馨的茶席結束後，李蕭錕老師也趕來了。託周春塘老師及師父的福，有機會能看李蕭錕老師揮毫，這回老師寫的詩是周春塘老師首次到訪深水觀音禪寺有感所作：

清風習習松杉靜，
谷底藏龍山有幸，
寂寞空濛那邊事，
猛回頭，山間明月一聲磬。

寫完後送給可敬的悟觀師父。隨後周老師也一時興起，提筆寫了一首憨山大師山居禪詩送給師父。

世界光如水月，身心皎若琉璃。但見冰消澗底，不知春上花枝。
門外青山朵朵，窗前黃葉蕭蕭。獨坐了無言說，回看妄想全消。

我們幾個老師雖然也是中文系出身，但既寫不出詩，也提不了筆，慚愧之餘，只能拿起相機，將這美好一刻紀錄下來。

託師父金口，我們也能趁機向李蕭錕老師要禪畫。李蕭錕老師已經忙碌一整天，趕來高雄後又才寫完一幅大作，還得就著燈光，一筆一筆細細地畫，真的辛苦了。

李蕭錕老師開玩笑說，他這一年眼力不好了，好朋友還為此想寫幅「明目張膽」祝福他。其實，我們才是明目張膽的一群，索討了老師那麼多張畫，真是不好意思。口裏雖說不好意思，但還是很好意思地站在旁邊排隊等畫。感謝老師送我文房四寶，還有適合掛在鞋櫃旁的小沙彌畫。阿彌陀佛。

二〇一四年五月二日：深水觀音禪寺浴佛法會

今日深水觀音禪寺有浴佛法會。普門品誦完，住持悟觀師父熱情招呼我們喝茶，十二年的老茶醇郁沉厚，喉韻甘甜。我們趁機請師父讓我們看看她貼在臉書上的那尊沉水地藏王菩薩，師父聽了滿臉笑意，起身將莊嚴的菩薩請出，大夥兒一陣驚歎！啊！原來這尊菩薩十分迷你，大概不超過五公分高吧！

我嚷著要拍照，為了尋找足夠的光源，師父靈機一動，將菩薩請到大殿前拜庭浴佛的花亭中。

地藏王菩薩翩然輕踩在美麗的綠菊上，香花淨水、蓮池海會，真是再殊聖不過的拍照地點了。

感恩師父，法喜充滿，阿彌陀佛。也謝謝師姊的熱情招待，感恩。

二〇一四年五月十七日：晚風吹

日影斜，晚風吹。天很藍，人很美。石獅靜默，菩薩微笑。

在深水觀音禪寺這兒品嘗到，伴著花果香的美味咖啡，非常好喝。謝謝觀師父，阿彌陀佛。

二〇一四年五月三十日：兩道背影

觀師父昨日說了兩則故事，都與背影有關。

第一個背影是常跟隨師父出入華梵大學的尤玲凰老師的背影，是高鐵月臺上的背影。腳程快的尤老師，為了讓師父能早點到華梵山上，車才到站，便急忙忙地先走一步，想快點找到站外等候的司機大哥。看著尤老師揹著背包、努力邁開大步的背影，那一刻，師父看見了屬於尤老師特有的生命樣態。師父沒有特別說明那是什麼樣的生命樣態，但眼神似乎透露著對尤老師既欣賞又不捨的複雜心情。

第二道背影是師父自己的背影。

師父說，某夜闃寂無聲，師父見夜空中一輪皎潔明月，遍照大地，一時興起，便提了兩把竹凳，坐在大殿前的廣場，舉頭望月。靜穆的夜裏，明月孤照，將師父的身影拉得長長的。對影三人，讓師父體會到生命的孤獨、孤寂。這孤獨並非只是表淺的寂寞心情，而是念天地悠悠、體道無窮的豐厚感受。

那日師父頻頻談到現代社會的疏離感，我想，現代人連彼此面對面都忙著低頭滑手機、懶得看一眼了，更別提看什麼背影了，所以才顯得這兩則「背影」故事特別有情。

二〇一四年六月二十六日：帶學生去深水觀音禪寺

昨日帶兩位自家學生到禪寺親近觀師父。得知能去禪寺，少根筋的那位學生顯得雀躍不已，心思多的那位卻緊張得坐立難安。我擔心他們在師父面前失了樣子，遂行前教育，正經八百跟猴也似的那位說：「菩淋，待會兒在師父那邊……想說什麼就說，沒關係的，不必拘束。」菩淋傻呼呼的應了聲「好」，她原本大概以為會聽到「不要亂講話」之類的訓示，結果居然是要她「不必拘謹」，天曉得其實這是說給旁邊那位弓緊身子、貓也似的安祐聽的。

這番鼓勵並沒有得到什麼效果。到禪寺後，他們僵坐在板凳上專注聆聽師父說話，宛如剛入伍的新兵；即便眼前有盤誘人的炒花生，也不敢多拿。

師父知道他們害羞，也不給年輕人壓力，只話家常。從破布子說起，說到妙容姊姊煮菜一事，也提了生活營，還談到寫作。閒聊了好一會兒，原本正襟危坐的兩位同學也逐漸放鬆，偶爾點頭稱是，或者靦腆微笑，也懂得起身幫大家倒茶，似乎自在多了。沒想到自在過了頭，便開始蠢蠢欲動。

首先是聞聲而動，抬頭探看二樓的風鈴，後來又被低空旋飛的燕子吸引；沒一會兒天暗了，雨絲飄飛，他們不禁回頭察看。起初看得還算克制，後來大雨滂沱，長長水柱由屋簷傾洩而下，他們乾脆側著身子，專注於眼前奇觀。

我想他們坐不住了，便把單眼相機借給他們，要他們四處走走逛逛。雨剛好停了，陽光從雲裏透出光來，照得一寺燦爛閃耀，葉子上也掛滿了晶瑩水珠，我們置身其中，彷彿人也跟著亮了起來。能在這兒聽師父法語，見清涼之境，真是幸福。

回去後查看他們所拍的相片，覺得既陌生、又新奇。「哦！原來這是他們看見的世界啊！」我這樣想著。雖然與他們平日相處再熟悉不過，但透過鏡頭，好像又認識了不一樣的生命：他們既迎向陽光，也懂得欣賞陰影處靜靜滴落的雨珠；既想留下熟悉的人的身影，也愛素昧平生、翩翩舞動的蝴蝶。

師父說，她在日本那十一年間，最愛在搭電車時看兩種人：一種是生機勃勃、勇於探索的高中生、大學生；一種是五、六十歲，四處遊山玩水、參加藝文活動、看畫展的族群。退休族少了俗務牽累，兒女也稍有成就，能有閒情逸趣細細品味人生；青年人還未經受現實的磨耗，眼裏還是乾淨的。我想，夾在其間的中年人，之所以面目可憎，可能是只顧著過日子，卻忘了腳步暫歇，帶著趣味的、或欣賞的角度來「觀」人生吧。

回到研究室後，菩淋立刻打開花生瓶，一顆接著一顆吃得愛不釋手，嘴裏不停地說：「好好吃哦！好好吃哦！」恢復她猴樣的本性；貓也似的安祐果然弓起身子、雙眼直瞪喊著：「你──不──要──再──吃──了！」

「又不是你的！」頑皮小猴回嘴，繼續將花生往嘴裏送。

「唉！青春真好！」掩不住滄桑的中年人這麼想。

二〇一四年七月十日：無題音樂會

參加生活營三天，最大的喜悅便是聽悟觀師父吟詠李商隱的〈無題〉。師父在上課前臨時想到這首詩，原本要我唸，但我實在唸得慘白不像樣，師父便自己來了。

「相見——時難——別——亦難」，我其實已經忘了聽到的是什麼樣的音調，只記得師父既沉鬱又渾厚的丹田之音，懷人之思，直抒胸臆；唱到激昂處，聲如洪鐘，錚錚嗚響，震得我目眩神搖。

不懂音樂，也能被歌聲感染，那是師父蘊積深厚情感、發自心底的聲音，召喚了每個人生命裏最深邃幽微的孤寂。即使像我這樣父母健在、生活平順、無憂無愁之人，也會情動於中，在悠遠蒼勁的歌聲中，感受到別離聚散、人生無常之悲寂。常聽人以「穿透」形容音樂的力量，如今終於體會了。師父的歌聲，真有一股力量穿透，觸動了我們平日所覺察不到、最寂靜幽昧的靈魂深處。

我聽得眼熱鼻酸，不能自已。「師父呀，你也唱得太有情了！」我在心中既讚歎，又不捨。這樣深沉悲切的情思，一放一收，著實令人翻騰，得花費一番工夫才得安頓；師父卻毫不掩飾、把它赤裸裸地丟出來，難怪師父要說她很有勇氣了。

師父說，「相見無期」，我不知怎的，把它聽成了「相見無情」。聽完師父的〈無題〉，我覺得，無情還從有情生。

這場「山中話家常」，由師父的〈無題〉展開契機，後有師父們的「讚佛偈」，以及賴信川學員長的「三皈依」梵唄，話出一段美妙難忘的山中音樂會。

感恩，合十。

二〇一四年九月十一日：深水觀音禪寺曬書

在禪寺看見難得一見的曬書場面。大家一邊曬書，也一邊把自己曬一曬。

很喜歡聽師父講過往，談及曉雲法師、老師父和賢師父，因為衷心的孺慕與愛，所以始終有「可以做更多」的遺憾。然後，把它化為繼續前進的動力。

謝謝師父，還有好茶。

二〇一四年十二月三日：深水觀音禪寺「就路還家禪茶凝靜」

昨日參加禪寺「就路還家禪茶凝靜」活動，充實而美好。

師父布置的茶席如華嚴世界般豐美飽滿，具富貴氣象——是殊勝義的富貴。東方美人茶的清甜芬芳，老普洱的溫和醇厚，歡聲笑語，其樂融融。

傍晚開始靜坐。師父先帶我們持無量壽佛心咒，接著靜坐。圓通寶殿裏一下子闃寂無聲，只剩自己。心靜了，各種感官都放大，聞得到淡淡芳香，聽得細微的呼吸聲、腳步聲、蟲鳴聲，偶爾吹來的風微涼，身旁的空氣卻是暖的。心念轉呀轉的，不知該任它自然生滅，或者該止息不動。突然，一記響亮的木魚聲打破寧靜，如天地崩裂，透出光來。接著，低沉的六字大明咒如湧泉汩汩而出，蓄積為昂揚高亢的進行曲，最後以舒緩的「嗡瑪尼唄美吽」作結。

回來後，手腕上還留著淡淡的沉香，一個人靜靜的，把規律的滴答聲聽作木魚聲，什麼事都不做，全身都放鬆了好舒服，希望夢裏還能回去靜坐。

心想，事成。感恩師父，也感謝大家。

二〇一五年一月十九日：深水觀音禪寺拍梅花

趁著北上前一天來禪寺拍梅花。原以為梅花在前殿，沒想到後山更有四棵滿開的梅樹，跟著宏學師的腳步，還看見前年生活營學員種下的沉香木，上頭還繫著學員的名牌。明年此時，或許我們種的紫檀也茁壯成長了。

二〇一五年三月十九日：深水觀音禪寺的「歡迎光臨」

禪寺從大年初一起，連續二十一天誦《大方廣佛華嚴經》，法會圓滿。

隔了個寒假，加上華嚴法會，已經好陣子沒去深水觀音禪寺打擾師父。今天終於又能來禪寺親近師父了。

下車後，和風徐來，伴著鳥語花香，接著便聽見悠揚的風鈴聲。寺裏的師父們正在共修，這熟悉的聲音讓大家都笑了起來，它簡直比超商的「歡迎光臨」還要感應靈敏。

好陣子沒見的師父，精神奕奕，像是蘊蓄了飽滿充沛的動能，就要飛了起來。我們雖然沒有參與為期二十一天的華嚴法會，但好像也能透過師父的慈藹笑容，共沾法喜。

今天喝了一九九二年的武夷茶，品嘗米餅乾、米蛋捲，以及令人驚豔的柚子糖果，桌上還搭配雅緻的花藝小品。最開心的是：終於吃到議漢老師誇獎很久的水餃了。

二〇一五年四月二十五日．屏東．安辭山莊．舊居草堂

好久前就約好的行程，等日子近了才發現正好是期中考結束後。學生解放了，老師也能跟著深水觀音禪寺的師父們到屏東愜意喝茶去。

繁花盛開的安巒山莊，有好幾棵結實高壯的老茄苳；舊居草堂中，有靜美的佛像與茶席，有淡雅清新的甘醇好茶，喝一口就聞到春天的花果香。

二〇一五年六月十二日：聞香而至

一早拍到美麗的朝霞，就期待捕捉夕陽西下的美好畫面。日升日落，都見動人演出，小小一天便滿足安好。

傍晚不僅如願在深水觀音禪寺拍夕陽，還喝到師父清芬甘醇的好茶，真是太幸運了。嗯……我果然是屬狗的，聞香而至。

好久不見，禪寺裏的師父們還是一樣熟悉親切。

二〇一五年七月三日：深水觀音禪寺期末茶席

期末把成績送出去，計劃改一改，訪問做一做，忙得差不多了，就來深水觀音禪寺找師父靜一靜、鬆一鬆、聊一聊、笑一笑，這樣一個學期才算圓滿落幕。

今日又聽到一個師父說「只能去怪貓」的故事，是關於一只茶杯的身世。如果不是貓，它或許只是名貴的器物，因為有了貓，使杯子有了人情溫度與記憶，所以，實在不能怪貓。

此外，師父又說，頻率相契也好、不同也行，每個人生下來都是一尊佛，此其同；但各有不同的角色要扮演，此其不同。一齊努力，互相打氣，各有所歸。

二〇一五年十月十六日：煥然一新

今日又到深水觀音禪寺叨擾觀師父了。如院長所言，一個月來吵師父一回，吸飽禪寺裏柔軟的、清芬的、鮮活的氧氣，是以煥然一新。感謝師父讓我們這樣肆意開懷，也謝謝禪寺裏的大家。

二〇一五年十一月十三日：立冬喝老普洱

每個月都會想個理由藉故來深水觀音禪寺叨擾師父，這回多虧議漢老師想到感謝狀一事，再來打擾。總之，主要目的無非是和師父聊聊天、喝喝茶。

今日隨興聊天的主題是「兒時記趣」，小火車、甘蔗、廣播節目……等，大家好像沒有年齡上的隔閡，只有南北差異。師父說，立冬之後適合喝老普洱，於是拿出年紀比我們還大的老沱茶來泡。酒紅般的茶湯，喝起來帶有陳年的木頭香味，溫潤順口。

此外，今天的茶食也很豐富，除了清甜細密的栗子餅之外，還有現煎的酥香猴頭菇及軟嫩Q彈的鹹湯圓。總之，每個人都吃得飽飽的才回家。感謝師父及大家。

二〇一五年十一月二十九日：屏東哭泣湖

面對大海，靜聽濤聲，師父唱誦觀世音菩薩聖號以應之。天寬地闊，勇猛向前。

二〇一五年十二月九日：垂葉茉莉與米粉

日前看到師父們臉書照片，心癢難耐，今日特地為了垂葉茉莉而來深水觀音禪寺。

盛放的垂葉茉莉宛如展展翅而飛的蝴蝶，難怪又喚它為「玉蝶花」。拍著拍著，聞到陣陣香味，原來今晚朝山，寺裏準備了米粉羹來著。因為肚子已受美味召喚，流連不去，只好賴在鍋邊等吃。

熱騰騰的米粉羹，在竹叉攪拌下發出迷人香氣，一旁的我口水都快流下來了，餓昏的議漢老師也挽袖幫忙，終於讓我們吃到美味清甜的米粉羹了。
飽食之後，我們還貪心地打包外帶，滿載而歸，感謝師父及師姊們的熱情款待。
是說，此行倒底是為垂葉茉莉而來，還是米粉羹？

二〇一五年十二月三十一日：小寒大補

昨日赴禪寺一趟，議漢、妙容身負轉交東西的正當任務，我則是……為了吃而去的。

風在吹，生命在角落輕喚：我在，我在。

長廊的習習涼風，吹久了還是會冷，趁機厚臉皮跟師父要了垂涎已久的大補湯來喝。冒著白煙的補湯還沒端上，就已先聞到甜甜的紅棗香，一入口，滑潤順口的湯汁讓身體都暖了起來，真是太幸福了。

謝謝師父們的盛情款待，昨兒個品茶看花賞蝶，補充了好多精力。感恩。鞠躬。

二〇一六年三月十七日：深水觀音禪寺春日和煦

好久沒來禪寺，看見久違的師父們真是欣喜萬分，全身都暖和了起來。聽師父說，前幾日來禪寺住的華梵排球隊員生氣勃勃，一餐可以吃五碗飯！這絕非只是他們年輕，而是來到這兒自然而然便喜悅、舒朗、開闊，當然也就水甜飯香、胃口大開。酒紅的普洱茶湯蘊藏半世紀的陳年木香，暖紅的夕陽把大家彩染成一幅動人油畫。感謝師父招待好茶，好花，好席，好日，好風。春日和煦的歡聲笑語中，感覺自己也從漫漫冬日裏活了過來。

二〇一六年五月五日：深水觀音禪寺立夏蛙鳴

昨日立夏。

夏是眾聲喧譁，萬物滋長的季節。蟬鳴蛙噪，好不熱鬧。

經過了很忙的四月，以及還是有點忙的五月，已經好久沒來禪寺找師父聊天了。昨日院裏雖排了一整日的演講，但五月五日可是重要日子，一定要來禪寺祝福師父，與大家同歡。

一進禪寺便是盈盈綠意，嘓嘓蛙鳴，信徒們三五成簇地在廊下聊天，每個人臉上都掛著笑容，真是美好的畫面。沒一會兒打板了，大夥兒魚貫進入齋堂，享用張師姊及師父們用心準備的午膳。

張師姊的料理以鋪排在盤面上的奇花異草揭開序幕，所用食材新穎奇趣，味道卻又調和無礙，每道菜都是精采的大觀世界，為我們帶來味覺與視覺豐富饗宴。

午後，茶席沿著大殿長廊而設。我們齊聲高唱無量壽佛之歌，眾人的合聲在長廊裏迴響，法喜充滿。託師父的福，覺得在場每個人一時也成了幸運無比的壽星，受到諸佛菩薩的加持與祝福。

廊下南風習習，我們喝著師父珍藏的白茶，淡雅清甜，口口甘醇。二胡的老師即興拉了幾曲，眾人一邊喝茶，一邊隨興和唱，其樂融融，突然想到李蕭錕老師上回畫的「一期一會」，原來我們都是畫裏的人。

五月五日也是日本的兒童節。有顆童心的師父，以及永遠調皮的小沙彌李蕭錕老師，在席間一往一來，聊得不亦樂乎，是人間最真摯的笑語。

謝謝觀師父，也謝謝李蕭錕老師，還有忙了一天的張師姊及諸位師父師姊們。因感冒失聲，一日無語，可是感動卻是滿滿的。

二〇一六年六月十七日：深水觀音禪寺期末尋寶

師父捧出那一甕寶物時，大夥兒都瞪大眼、伸長脖子往裏探；彷彿小時候的尋寶遊戲，低頭東翻西找都只是幌子，最後只為一睹帶頭老大端出的壓箱寶，是遊戲的最高潮。

結果不僅能一睹，還能幸運一嘗，把寶物吃進嘴裏。

陶甕裏放的是珍藏幾十年的陳年蘿蔔乾，蘿蔔的紋理鬚根都還清晰可見，紅黑發亮的色澤代表的是經年累月的天地精華。陳年蘿蔔乾是客家人的熬湯聖品，一大鍋只需一兩根提味就已風味俱足，十分珍貴；看師父小心翼翼自甕裏夾出一條條陳年蘿蔔乾，以為要沖水喝，沒想到師父推薦的吃法更見豪氣——直接拿起來當零嘴咬！

「這樣吃真的可以嗎？」「不會太鹹嗎？」眾人在不安中捏了一小塊嘗試，一口咬下，經年陳封的蘿蔔乾不但還保留了Q韌爽脆口感，陳年發酵的厚實甘香也濃在嘴裏化不開，是從沒嘗過、妙不可言的奇異滋味，難怪師父要我們直接品嘗，真是太好吃了！

每回來深水觀音禪寺，總顧不得形象地當起了「吃客」。這回除了陳年老蘿蔔外，還有帶著微微麻辣口感、細緻和諧的美味粽子，以及冰涼滑嫩的手作水洋羹，當然還有必不可少的師父們珍藏的各式好茶，有紅水烏龍、古典美人茶、東方美人茶、紅芽頭……。吃飽喝足，夕陽西下，我們還捨不得離開，沐浴在金黃光影下的歡聲笑語，彷彿在天上，不在人間。

昨日畢業典禮，校長致辭時說了「老鷹與雞」的故事。始終以為自己是雞的老鷹，究竟還會不會飛呢？「風從山裏吹來，只要老鷹能感受到大風起兮，聞到山樹的氣息，身體裏的原始本能便會喚醒，自然能展翅翱翔，御風而行。」

每回來禪寺，仰望大殿裏的莊嚴佛像，以及殿前慈悲凝佇的觀世音菩薩，微風吹來，伴著柔和的風鈴聲，以及淡雅花香，好像也不自覺地喚醒了我們內在的生命本能——關於美與和諧的深深召喚。

回來整理相片，發現鏡頭下的每個人線條都好柔和，禪寺讓我們找到最美的自己，這是最珍貴的寶物。謝謝師父，以及禪寺裏的大家。

二〇一七年七月一日：深水觀音禪寺錄影

為了準備七月一日的錄影，回頭翻閱自二〇一年年以來親近禪寺的所有紀錄，以便能清楚敘述與師父及深水觀音禪寺的因緣。

多年前，我們固然因師父說的緣緣之緣，議漢與華梵大學哲學系系辦的緣分，當時師父在哲學系任教的緣分，而得能來到禪寺，親近師父；但更重要的是師父十分重視教育，而我們也因「老師」這層身分，幸運得到師父多一點的照顧。

那日在臉書上看見師父貼文，提到曉雲法師立志終身奉獻佛學教育、創立華梵大學的宏願：「教育與我的生命是一體的，它將陪我到生命的最後一天。」我覺得，師父也追隨曉雲法師腳步，努力用一生來實踐這句話。

這幾年師父愛上攝影，欣賞師父作品時，總會讓我想到師父這幾年投身教育的付出。師父對待每個生命，一如她的攝影：先細細觀察它在環境中的姿態，找到屬於它的獨特角度，然後將鏡頭拉近，拍下它在晨光中伸展、在夕陽下呢喃、在微風中搖曳、在風雨中挺立的身影；師父總能覺察每個生命的美好與獨特。

教育好像也是一樣道理，仔細觀察，發掘生命的獨特樣態，提供最適合的環境，讓它得以自然地生長茁壯。相信不僅是師父所帶領的華梵大學，凡認同這樣理念的教育工作者，都能為臺灣教育注入一股源頭活水。

二〇一七年七月一日：勞動日

為了迎接明天深水觀音禪寺一年一度的妙法如華生活營功德友園遊會，禪寺裏湧入許多忙進忙出的師兄師姊們，加上華梵大學浩浩蕩蕩的師生團隊，很有慶典將至的歡樂氣氛。

大殿前方以木材架起的基座，是華梵大學建築系學生的親自設計搭建的日式茶庭。他們認真投入的畫面，不只吸引了我，也讓一旁觀注已久的小弟弟決定「下海」幫忙，玩得不亦樂乎。

更巧的是，多年前參加暑期生活營的學員也回來了。原本以為她們也是來錄影的，細問之下，才知雨微、書瑜兩個小女孩因想念師父，一時興起，就決定今天回來禪寺看看。

這種「一時興起」可真是羨煞人也！我跟她們倆說，這大半年來我們何止「一時興起」想來看師父，簡直就是望眼欲穿、殷殷企盼了，卻還是無緣見師父一面。她們今日不僅見到師父，還聊了天、拍了照，輕輕鬆鬆就圓滿任務，怎不叫人羨慕呢？

搬椅子時，師姊發現椅墊上一條完整清晰的蛇蛻。驚嚇之餘，想到小蛇在這兒薰陶既久，都能蛻變成長了，我們親近禪寺的這幾年，生命好像也有了很不一樣的變化。

二〇一七年七月二日：深水觀音禪寺夏日園遊會

今日最重要的任務就是跟師父合照了。趁開幕前先攔截師父拍照——的確得「攔截」，因為師父一整天都「從來從去」。順利完成重要任務後，再下來就輕鬆了。

除了師父之外，李蕭錕老師也是很受歡迎的「人形看板」，特別是與他的禪畫一同入鏡，頗有「作者親自保證」的宣傳效果。

李蕭老師除了在扇子正面作畫外，更在背面提字，其中一幅提的是「放下」，於是……我們看到：師父提起了「放下」。

一整日的活動由小朋友詩歌朗誦比賽揭開序幕，有的深情款款，有的清新自然，更有精心打扮粉墨登場的。另外，舉辦多年的寫生比賽也是臥虎藏龍，筆觸活潑生動，各有特色。最後壓軸則由李蕭錕老師及黃智陽老師聯合揮毫創作。

二〇一七年十二月十二日：深水觀音禪寺垂葉茉莉含苞待放

今天到禪寺看花——含苞欲放的垂葉茉莉。

赭紅花萼小心托著瓷白花苞，好像要以默默熱情，獻出最潔白無瑕的真心。宏音師說，垂葉茉莉是蝸牛最愛，開花季節，葉子分外可口，牠們呼朋引伴，一起趴在葉子上大快朵頤。去年禪寺的垂葉茉莉沒開，就是因為被蝸牛軍團捷足先登的關係。

今年特地又新買兩盆，舊的留給蝸牛吃，新的，就留給我們賞吧！

二〇一七年十二月三十日：禪茶山中飲的歡聲笑語

一踏入深水觀音禪寺便聽見觀師父爽朗的笑聲，好歡喜！原來華梵大學教職員歲末來禪寺與師父歡聚，陽光正好，暖洋洋的，人也笑得熱呼呼的。

二〇一八年三月十八日：《般若與美》新書發表會

今天是期待已久師父的《般若與美》新書發表會，親愛的媽媽與妹妹也專程南下，共沾法喜。我們有幸與悟觀師父一同見證這美好時刻，茶席上「幸福」兩字，正說出我們的心聲。

發表會上邀請的幾位與談人都是一時之選，高柏園、楊慶煜兩位校長、張壯熙總務長及朱全斌老師都讀得精到、說得深刻，而金鶯學姊替我們把這五年多來親近師父的感受全說出來，聽著心怦怦、眼熱熱的，難以言詮。

師父也被觸動了，那是提到曉雲法師與師父的師生之情。師父仰著頭，沒讓眼淚掉下來；憶念師恩，師父以行動代替想念，希望沒有辜負老師的深切教導。

今日盛會，喜悅滿溢，然而我生性害羞，終究沒敢上去講話。心裏的話，還是回臉書說習慣些。

這幾年親近師父，就像品嘗咖啡一樣，也有前、中、後三層味道。

一開始接觸師父，覺得她便是想像中師父的樣子：莊嚴、智慧、慈愛、溫暖。後來去的次數漸漸多了，待那兒的時間愈拉愈長，慢慢看到師父不那麼像師父的模樣。比如說：師父會唱歌，而且唱的是「電音」——「會電人的聲音」。第一次被電到是二〇一四年的暑期生活營，師父深情吟詠李商隱〈無題〉，感人肺腑。宏學師父也有被電經驗，她說師父的持誦「彌陀心咒」的聲音像霆雷公，驚得她晚課唸到一半突然停下來，才猛然發現驚覺自己晚課時不時的妄想。

又比如，師父愛美，她對味道、器皿、色彩、光影的感受都很豐富。師父對於美的追求從不清心寡欲，她以出世的情懷來修入世的功課。

師父同時也是最稱職的說書人，當她說起曉雲法師、開良師父的往事時，歷歷在目，很是深情，每每喚起我們對父母親的依依孺慕。於是，曉雲法師喝的六安茶，開良師父夜半持誦大悲咒的背影，還有父親過世後獨自凝望的黃昏，都成了立體難忘的畫面。

後來，師父當了華梵大學董事長開始寫臉書了。在師父的文字中，我讀到孤寂的靈魂：「夜半一嘶蟬鳴，衝破耳根」（《般若與美》，頁五十四）；「窗前靜默，樹稍光影柔和問安」（《般若與美》，頁六十三）；「在無聲無形中，尋覓自己的處所」（《般若與美》，頁六十）。那是與內在自我的生命對話，雖然孤寂，卻也豐盈充實。

師父是生命的勇者，她對生命的每個面向都認真以對，以美的實踐來聞思修。這份勇猛精進，具有強大的號召感染力，召喚我們對於美與善的追求；也鼓舞我們認真生活，關注每個當下，與自己對話。在這兒吃過東西，便會專注品嘗食物的單純美味；看師父拍照，就會想跟著捕捉生命裏的美好姿態。最特別的是，聽師父唱歌，感動之餘，也想跟著一起唱……。師父是活得最認真的人。

前日翻閱隨身筆記，忘了是在哪兒記的：「閱讀與寫作都是一種安頓，把生命揚起的塵埃收拾到文字裏，是一輩子的陪伴。」師父的文字，自然不是揚起的灰塵，而是浮世間的光和影，如今付梓出版，《般若與美》就成為我們得以珍藏的寶珠盒。

二〇一八年五月三日：為師父暖壽

今日臨時跟師父約了來禪寺，我們打趣說是來「鬧一鬧師父」，實質上是為師父暖壽。

吃了一桌美味，又喝了有梅子味的老烏龍茶，好久沒這麼歡喜了。蛋糕端出來時，妙容和我有幸被師父拉著一起唱歌、切蛋糕，開心之餘，不免想到：明明是來讓師父開心的，怎麼到頭來反而是師父讓我們既幸福又開心呢？

臨走前，師父在葫蘆竹前停了下來，回頭跟淑美師姊說：「趕緊幫它澆澆水吧！它直喊著口好渴呢！」是了！是了！師父說對了，我們就是竹子，時隔一個半月沒來，師父肯定聽到我們的心聲，才給我們來「鬧一鬧」的機會啦。

師父是柔和的風，我們是隨之搖曳的南洋杉；師父是悠鳴的風鈴，我們是陽臺上靜聽法音的石椅；師父是清涼之水，我們是潤澤後翠綠舒展的竹子。

二〇一八年五月五日：悟觀師父的生日音樂會

五月五日是師父生日，大家聚在一塊兒為師父慶生，非常歡喜。

這是一場小而美的溫馨生日派對。午後，一群人在廊簷下喝茶聊天，柔風吹拂，幸長學長先獻給師父一首即興創作的祝壽歌，接著是金鴦學姊朗誦師父《般若與美》一段文字，後有南藝大朱育賢老師悠揚清越的古琴演奏。

在幸長學長的邀請下，師父拗不過眾人的期盼，難得清唱一曲。我們有幸聆聽師父詠唱李商隱〈無題〉，師父低沉的嗓音使〈無題〉聽起來更加蒼勁渾厚，能聽到真是太幸運了。

二〇一八年五月十九日：跟著師父遊臺中

悟觀師父說自從二〇〇七年二月二十二日母親師父圓寂後就極少出門，隨後賢師父圓寂就更不愛出門，喜歡守在老師父創建的深水觀音禪寺。不過，因擔任華梵大學董事長，肩負重任，得把自己「往外推」，因而也認識許多獨特的、美好的、有想法的人士，其中有許多都是透過臉書而連結的因緣——陶藝家施繼堯老師便是其中之一。

今天師父當領隊，施繼堯老師充當一日地陪，帶我們遊臺中，看的是人文風景。施繼堯老師清瘦簡約的形貌，真的很符合他在日本生活幾十年的成長背景。不過，言談之間他又時不時冒出調皮幽默的一面，開幾句無傷大雅的玩笑，逗樂一屋子的人，真的是個有趣的藝術家。

仙人掌篇

第一站是施老師的祕密花園，種的全是各式各樣的仙人掌。據施老師說，「全盛期」花園裏培育了上萬種仙人掌，如今沒那麼多時間，數量已減少不少。即便如此，這座祕密花園已足以令我們目不暇給，大開眼界，歎為觀止。

滿園奇形怪狀的仙人掌，彷彿是熱鬧非凡的異次元世界，在幾合方圓的規則裏變異創生，開創生命的無限可能。

澄紅的「唐印」最吸睛，像把夕陽穿在身上，又如豔陽留下的唇印；側面看去，又如展翅欲飛的蝴蝶，美麗極了。

陶藝篇

施繼堯老師說起創作便炯炯有神，認真堅持又帶點叛逆——藝術家怎麼能不叛逆呢？他的陶土釉料取乎自然，皆成為他傳達美感表現心靈的載具。

他的杯裏碗裏藏著綿長無盡的話語，捧在手裏，透過豐富成色與細緻紋理，細細與生命對話。

手裏的杯子對我說，我愛夜的寧靜與深邃，更愛星夜微塵裏透白的曙光。

菩薩寺

在菩薩寺靜物寫生，綠意流水，蟬鳴蛙噪。

二〇一八年六月十六日：深水觀音禪寺端午前夕

午後大雨，廊簷下和師父一起坐聽雨聲，感受清涼。

滾水新沏，團成一季的茶香伸展奔放，溫潤甘甜，一如我們的心。

謝謝師父讓我們賴在這兒，不但喝了好茶，還嘗了禪寺自家包的素粽，連甜點都有了，舒心極了。更特別的是，今日還有勞作功課哦！

二〇一八年九月二十日：中秋前夕深水觀音禪寺團圓敘舊

開學第二週，回禪寺找師父團圓敘舊過中秋，同時進補——補充生活的養分與能量。

今日最大驚喜是念靜專程指導的水煎包教學。感謝師父還記得我娘想吃女兒親手做的水煎包，也謝謝念靜特地留下來耐心教導，擀麵皮、包餡兒、收折子，愈捏愈療癒，難怪這麼多人愛作菜。

另一個欣喜是宥陞弟弟很給面子，頻頻對著鏡頭展現笑顏，天真燦爛，幸福極了。

在禪寺一個下午，身心充沛，大補大補。謝謝師父。

二〇一八年十月六日：「曉覺禪樂，雲山古琴」禪茶紀念會

今日深水觀音禪寺古琴茶會是紀念曉雲法師禪寂十五周年。回家整理照片，才發現今日主角果真是曉雲法師——每張照片都伴著她親切和藹笑容，就連無法親炙法師教誨，也能透過照片感受春風和煦的溫暖。

紀念會另一個關鍵角色是「音樂」。未直接提及師父特別請來的鄭正華老師，怕是要失禮了，不過，鄭老師的精采演出讓我覺得：他更想讓音樂成為紀念會出色的主角。在鄭老師忘我投入的吹奏中，有蕭之沉鬱渾厚、笛之激越清揚、古琴之靜寂深遠，一下把我們帶往山中，一下又引我們回到心裏。古人云「樂以和其聲」，鄭老師宛如高明魔術師，將圓通寶殿裏的人都兜在一起，一體和諧，同喜同悲。特別是幾首耳熟能詳的流行民歌，像〈三聲無奈〉、〈榕樹下〉、〈雨夜花〉等，在鄭老師精心編曲下，眾人共鳴，隨之震蕩搖曳。連一向莊重端坐的茶席老師，都忍不住低吟淺唱，陶醉其中；怕是連穿西裝的校長們，都偷偷在桌子底下打起拍子也說不定。

午後微風，斜陽暖照，圓通寶殿裏的三大士菩薩慈眉低目，照看喜悅眾生，宛如幸福國度。和樂的氣氛，讓人一度以為這是同樂會來著——與君同「樂」，可不是嗎？曉雲法師若在，一定也會像海報裏那樣，瞇著眼，笑看大家歡聚一堂的可愛模樣。

我媽媽今年八十，也特地南下，躬逢其盛。她老人家全場端坐將近三小時，是最認真的聽眾。因為趕搭高鐵，我們先行告辭，下樓時，她迫不及待跟我說：「哇！今天真是有夠豐富的，尤其是那首〈梅花三弄〉，比我在網路上聽的任何版本都要來得好聽。」原來她一得知有幸參與盛會，就常讀讀師父在臉書的介紹，預先作好功課，難怪師父誇獎。

茶會壓軸是李蕭錕老師與黃智陽老師聯合創作的禪畫作品，李蕭錕老師畫了山水二僧，奇偉蒼勁的山石旁，有兩位小沙彌一路結伴前行，似乎意味著曉雲法師與悟觀師父；黃智陽院長禪畫右上方題字「獨坐無人悟中觀，且向有人行處行」的勉勵。而會後所贈紀念品中，則有一本許悔之老師的新書《但願心如大海》。祈願悟觀師父與大家心生曉雲導師的「且向有人行處行」的無畏承擔，往山裏前進，向大海出發。

後記：拍照時趁空瞄到李宥陞小弟弟就在殿外，他彷彿也感受到會場的喜悅與振奮，精神煥發，拿著小手帕一遍又一遍來回奮力抹地。樂之「動」人，其情若是。

二〇一八年十一月十四日：我又來了

週一看見師父臉書上寫：「一場活動過了，一個勁兒鬆了」，就知道又可以來找師父了。下午先打電話過去，電話那頭還聽到宥陞弟弟熟悉的「呼喚」，我跟阿茜師姊說：「只是拿個東西過去，一下下就好。」這當然只是客氣話，我們最後果然待到天黑了才離開，又在師父這裏吃吃喝喝了。

二〇一八年十二月二十八日：深水觀音禪寺歲末聯歡

小時候生活單純，娛樂不多，過年最期待的除了圍爐吃年夜飯，接下來就是全家圍著電視，看老三臺精心準備的「歲末聯歡晚會」。

如今有趣的玩意兒多了，歲末年終，年輕人時興參加跨年晚會，而我們還是偏好old-style，選擇回禪寺度過屬於我們的歲末聯歡會。

師父閉關，我們好陣子沒來禪寺了，卻還是一樣熟悉。

回到禪寺，迎面而來，李宥陞小弟弟都笑得快滿出來了，他一定也感受到這豐收忙碌的幸福時刻。我們放下包包，忙著去逗弟弟，一時之間，竟有回家過年的錯覺。

就像師父說的，我們像一家人——如來之家，連笑容都那麼有默契。

議漢找了幸長學長一起來，有他在，我們自動成了喜劇配角，只由他鬧。學長平均說個兩三句就逗得大家哄堂大笑。不過，他今天還有更重要的任務是「點菜」：聊到玉米，現蒸玉米隨即端了上來；才提了美濃的客家老菜脯，師父便進去翻出三十年的珍貴老菜脯讓大家品嘗。我們開玩笑問學長還想吃什麼，沒準兒萬能的師父真的又能變出來。結果還真的應驗了！學長只是隨口說到搭配臭豆腐的醃蘿蔔，沒想到廚房真的在炸臭豆腐，真是太巧合了。

原來師父今天準備了流水席來著。從一入座就端上來的冬季溫補湯、香甜Q彈糯米玉米、三十年老菜脯、香煎米餅、現炸臭豆腐佐醃蘿蔔，一道道輪番上菜，應接不暇，飽到明年去了。學長倒也真不客氣，最後竟還開口點了現煮咖啡。我們一邊品味藝伎咖啡，一邊聽學長唱〈涼山情歌〉，曲罷，大家一飲而盡；留下一桌的杯盤狼籍，帶了圓圓滿滿的心意回家。

謝謝師父，謝謝大家。新年快樂。

二〇一九年一月十二日：深水觀音禪寺動靜調柔期末茶會

臘八將至，師父一早就在廚房忙碌，梅花灶上滾著熱騰騰三大鍋的臘八粥，要分送給信眾鄰居們。

我們當然也分到這份福氣，豐盛午宴端上的最後一道甜品，便是別處嘗不到的師父牌臘八粥。

季冬了，卻熱得像夏天，大合照裏每個人都被太陽照得睜不開眼，一個個都像閉眼微笑的菩薩。

下午的茶會除了古琴彈奏，又多了頌缽和薰香，眼耳鼻舌身都被打開了。午後陽光灑落，殿裏眾人靜坐，一同呼吸，只剩細如髮絲的鐘磬在彼岸輕奏。

今天喝的是師父珍藏老茶，大紅袍和一九七五年的老普洱，醇和沉厚再帶一點木香，暖冬裏喝下像是甘甜的湯藥。隨即又有香席，香席主人準備了一款沉香及師父的兩款奇楠香，先以香筷夾炭、理灰，再把削好的沉香放置於上，藉著炭火溫度釋出沉香。我們輪流品香，先將香爐捧起，手搗杯沿，然後深吸一口，再將氣從側邊吐出。溫熱的沉香聞起來竟有甜橙香味，令人心馳神往。

師父說，今天的活動「動靜調柔」。上午熱鬧鬧地抽獎，下午靜悄悄地耐住心性。最後，則是歡歡喜喜的排隊領春聯。

回程車上，可愛的幸長學長又發揮他的搞笑創意，說今天的茶會其實是讓大家體會「腳麻是要按怎行」啦。

二〇一九年四月二日：深水觀音禪寺療癒系體驗

夕陽映照的粉色系多肉植物，令人胃口大開、全部喝光光的療癒米粉湯，喊著「姨～姨～」雀躍歡欣笑聲朗朗的可愛李宥陞弟弟，以及靜靜聽觀師父說話的安定與滿足。

二〇一九年四月九日：深水觀音禪寺蹭飯吃

感謝妙容疼女兒，連假飛南京探望，於是我們有福吃到當地名點綠豆冰糕。感謝妙容一片心意，也想讓師父嘗嘗這一味精巧點心，順理成章讓我們有了來禪寺的正當理由，所以……星期二下課後，我們又來了。

連續三個禮拜，我們都選下午五點這種尷尬時間來，見木桌上早備辦了杯碟碗筷，連客氣推辭的虛禮都省了，大剌剌地拉開椅條便吃起了晚餐。

其實，師父應允的那一刻，我便開玩笑跟妙容說：「晚餐又有著落了。」臉皮超厚的我們，連續三個星期二都來禪寺蹭飯吃，實在因為禪寺的東西都太好吃了！師父每回都變出不同花樣，一會兒鹹湯圓，一會兒米粉湯，熱乎乎的，吃得不亦樂乎。飯後又有各式茶點，邊說邊聊，早忘了時間，每回離開時已是暗時。

更吸引我們的是，能與禪寺的師父、師姊們一塊兒吃飯話家常，如同一家人。那很像小時候放學一回家，就直奔廚房找媽媽的意思。今天「下課」來寺，遠遠就望見桌上擺了電鍋，裏頭有熱騰騰的現蒸素粽，隨後又端來剛起鍋的鹹湯圓，一口熱湯喝下，趕走一身疲憊，真有「藥食」之效。

今晚因有大水蟻出現，師父讓人關了燈，我們就著微光摸黑喝茶。一彎新月下，我們喫茶配桂花糕，說說笑笑，聽師父憶師恩、念故人，有一點點感傷，還有更多更多的溫暖幸福、懷念思慕。

黑暗裏品茶，反倒打開了其他感官：沖茶時聞到的清甜香，出水時或急或緩的水流聲，還有每個人的均勻起伏的鼻息，以及，彼此靠得很近的心。

中午在學校洗杯子時，心神不定，不小心打破一只玻璃瓶。而禪寺的空氣有安神的功效，深呼吸，心就有了歸宿。

謝謝師父的收留接納包容餵養，蹭飯團深深鞠躬。

二〇一九年四月十六日：下課後

今天「下課後」來禪寺的陣仗變大了，除了院長、清竣歸隊，還有聞香而來的蔡總。

愛熱鬧的弟弟見那麼多人，非常開心，在鏡頭前展現他最純真熱切的笑容。趁機坐在他旁邊，害羞不到三分鐘，沒一會兒就相熟了。

李宥陞弟弟對事物充滿好奇，學習力強，能在重複模式中開展新的變化，發現不一樣的樂趣，以後真的可以去念博士！

二〇一九年五月五日：悟觀師父生日快樂

每年此時，我們都會齊聚深水觀音禪寺，為敬愛的悟觀師父祝壽。幾年下來，我深切覺得，應該把這事反過來想：是師父慈悲，讓我們能在她生日這天歡聚一堂，開懷大笑。或許，見我們開心，就是師父最喜歡的生日禮物了。

喜悅之情洋溢，今天是如來之家音樂會。先是師父應了小歌迷的殷殷期待，吟誦憨山禪師山居詩；接著師父切壽糕，我們齊聲高唱無量壽佛之歌；再來是信徒一遍又一遍發心唱念六字大明咒，誠心祝頌師父福壽安康。

我們這桌輸人不輸陣，也想唱點什麼厲害的，於是突發奇想，唱了首〈甜蜜蜜〉獻給師父。這麼不按牌理挑選的歌，卻有最應景的描述：「在哪裏在哪裏見過你，你的笑容這樣熟悉，我一時想不起，啊——在夢裏。」

是啊！在如夢之夢中，我們一定也曾齊聚歡唱，才會如此熟悉。

最活潑的幸長學長也來了，他信手拈來的搞笑功力點燃了李蕭錕老師叛逆不羈的內在靈魂，兩人一搭一唱，把大家逗得笑彎了腰。

中午回禪寺時正好趕上法華經共修法會，在這殊勝的一天，於藥師佛前合掌祝禱：願父母福壽康健，祝師父法體安康，祈願一切眾生無諸疾苦，身心安樂。

二〇一九年五月二十八日：深水觀音禪寺喝抹茶

因為見了淑美師姊在臉書的「隱藏版」公開留言，所以我們又厚著臉皮來找師父討茶喝。

雖然準備了相機，卻只在一開始拍了幾張花兒草兒，其後便忙著吃粽子、吃豆花，豆花還沒吃完，李宥陞弟弟就出現了，當然就更沒時間拍照了。

好些日子沒見的弟弟變高了，在宏音師半哄半騙下靦腆走來，然後仔細一一端詳，終於好像想起了什麼，對著我們這些叫「姊姊」的阿姨以及喊「哥哥」的阿伯，投以最純真燦爛的笑容，接著熱切分享他的童書、玩具，把我們當成好朋友般盛情款待。

有人能以聲音辨人，有人以氣味識人，我曾自豪可以憑文字猜出是哪個學生的作品，今天又新發現一項特別的認人途徑——宥陞弟弟以遊戲識人。因為他玩到一半，突然靈機一現，記起我曾跟他玩過「撿蟲蟲遊戲」，於是要了張衛生紙，牽著我要再「尋寶」去。

我們開心撿拾拜庭前的枯葉，宥陞弟弟清亮的笑聲繞梁，師父及其他人也聞聲而至。在夕陽餘輝中，每人臉上都泛著柔和微笑，是最幸福療癒時刻。

禪思如珠玉

楊淑雯（崑山科技大學老師）

二〇一四年十二月四日

茶席、笑語、靜坐、誦梵呪、幾個小時、一方天地：如觀師父說的置身華嚴。

飲盡微溫的茶，繼續我沒做好的生命功課。

二〇一八年三月十九日

昨日前往深水觀音禪寺，參加《般若與美》新書座談。

寺裏以茶席待客，有專業司茶人，引領眾人啜飲芬芳。百多人的盛況，無法親炙悟觀師父，期待下回有個小型讀書會，好向師父問道。

我們坐的那張茶桌有淡雅小巧的瓶花，席上宣紙書寫著師父新書的法句：

生命是幸福，有憂患有悲悽悵然有喜樂趣味等。
不必說，亦不能說，也沒法說，
如是人生況味，就是這樣承當，領略生活風貌飄然去來。

書中如珠玉般的禪意妙思，令人在漫天塵埃裏，看清星座的位向。

茶席之中好靜思

馬琇芬（實踐大學老師）

二〇一四年十二月三日

受幼嫻老師的邀約，下午前往燕巢深水觀音禪寺，參與一場茶席，也有了一段心靈祥和的午後靜坐。

研究所時期，曾時興地和同學們去練氣功，盤腿打坐時，老坐不安穩，沒有定性，所以沒過多久就放棄了。當時是在教室裏席地而坐，人多空氣又不甚流通，而且中午吃過飯後，食物積在肚子裏，實非最佳狀況。

深水觀音禪寺雖非座落於深山，但已偏離市鎮，腹地也距馬路數百公尺，四周綠林圍繞，相當清幽。

一入禪寺，隨著寺中志工一路直登三樓圓通寶殿，便因慎重擺飾的茶席心生敬歛，與多位前輩師長同桌，不由得端坐靜默，不敢隨便發言。事後知道全是師父一人所設計的茶席。

實在是坐太久，有些不耐，幸好鄰座淑雯老師提議起來走動，我才趕緊隨著起身，欣賞殿內的莊嚴寧靜之美。

約莫二個小時後，大家轉入圓通寶殿三大士前，開始靜坐。

悟觀禪師敲響木魚，清朗的節奏在圓通寶殿裏幽幽迴盪，似柔波般在心裏漾出共鳴。隨著禪師誦讀「無量壽佛心咒」，從低而緩的語調到高而快的念誦，然後在禪師一聲如定錨般的重擊下，寶殿突然陷入一片靜寂，靜得遠在數百公尺外的車聲彷如呼嘯，靜得樹林裏的窸窸蟲鳴像拔高了分貝，靜得自己的心跳聲如雷貫耳。

就這樣，我從數息慢慢地進入放空的狀態，雖然會因為腳麻屁股痛而緩緩挪動重心，但心卻相當舒服。

不知過了多久，木魚一聲重敲，驚得我渾身微彈，但因為禪師隨即誦讀「六字大明咒」，低沉的嗓音和宏穩的語調，讓我立刻又進入平靜之中，並跟著誦念。同樣又從低而緩的語調，到高而快的念誦，最後在一句長而緩的「吽」中結束靜坐，身心都感到舒服自在。

這是我第一次在禪寺中靜坐，比起在教室裏練氣功時的打坐感受，真有天壤之別啊！期待未來還有機會參與靜坐啊！

慈意妙大雲
深水觀音禪寺因緣錄

主編　釋悟觀
作者　釋悟觀、李天任等人
封面作品　許悔之（局部，再加工設計）
內頁攝影　釋悟觀、華梵大學文物館、深水觀音禪寺提供

封面設計　most of hou
責任編輯　林煜幃

董事長　林明燕
副董事長　林良珀
藝術總監　黃寶萍
執行顧問　謝恩仁

社長　許悔之
總編輯　林煜幃
副總經理　李曙辛
主編　施彥如
美術編輯　吳佳璘
企劃編輯　魏于婷

策略顧問　黃惠美・郭旭原・郭思敏・郭孟君
顧問　施昇輝・林子敬・謝恩仁・林志隆
法律顧問　國際通商法律事務所／邵瓊慧律師

出版　有鹿文化事業有限公司
地址　台北市大安區信義路三段106號10樓之4
電話　02-2700-8388
傳真　02-2700-8178
網址　www.uniqueroute.com
電子信箱　service@uniqueroute.com

製版印刷　沐春行銷創意有限公司

總經銷　紅螞蟻圖書有限公司
地址　台北市內湖區舊宗路二段121巷19號
電話　02-2795-3656
傳真　02-2795-4100
網址　www.e-redant.com

ISBN：978-986-99530-7-8
初版：2020年10月

定價：380元

國家圖書館出版品預行編目（CIP）資料

慈意妙大雲：深水觀音禪寺因緣錄／釋悟觀等文字
—初版．— 臺北市：有鹿文化，2020.10
面；公分．—（看世界的方法；180）
ISBN：978-986-99530-7-8
224.517　　109105303